essentials liefern aktuelles Wissen in konzentrierter Form. Die Essenz dessen, worauf es als „State-of-the-Art" in der gegenwärtigen Fachdiskussion oder in der Praxis ankommt. *essentials* informieren schnell, unkompliziert und verständlich

- als Einführung in ein aktuelles Thema aus Ihrem Fachgebiet
- als Einstieg in ein für Sie noch unbekanntes Themenfeld
- als Einblick, um zum Thema mitreden zu können

Die Bücher in elektronischer und gedruckter Form bringen das Fachwissen von Springerautor*innen kompakt zur Darstellung. Sie sind besonders für die Nutzung als eBook auf Tablet-PCs, eBook-Readern und Smartphones geeignet. *essentials* sind Wissensbausteine aus den Wirtschafts-, Sozial- und Geisteswissenschaften, aus Technik und Naturwissenschaften sowie aus Medizin, Psychologie und Gesundheitsberufen. Von renommierten Autor*innen aller Springer-Verlagsmarken.

Stefan Goertz

„Querdenker"

Ein Überblick

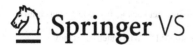

Stefan Goertz
Fachbereich Bundespolizei
Hochschule des Bundes
Lübeck, Deutschland

ISSN 2197-6708　　　　　　ISSN 2197-6716　(electronic)
essentials
ISBN 978-3-658-38188-2　　　ISBN 978-3-658-38189-9　(eBook)
https://doi.org/10.1007/978-3-658-38189-9

Die Deutsche Nationalbibliothek verzeichnet diese Publikation in der Deutschen Nationalbibliografie; detaillierte bibliografische Daten sind im Internet über http://dnb.d-nb.de abrufbar.

Planung/Lektorat: Jan Treibel
Springer VS ist ein Imprint der eingetragenen Gesellschaft Springer Fachmedien Wiesbaden GmbH und ist ein Teil von Springer Nature.
Die Anschrift der Gesellschaft ist: Abraham-Lincoln-Str. 46, 65189 Wiesbaden, Germany

Was Sie in diesem *essential* finden können

- Ideologieelemente der „Querdenker"
- Ergebnisse der ersten empirischen Studien zu „Querdenkern" und Teilnehmern an Corona-Demonstrationen
- Verschwörungserzählungen als (potenzieller) Radikalisierungsfaktor
- Verschwörungserzählungen mit Bezug zu den „Querdenkern"
- Neuer Phänomenbereich von Extremismus: Verfassungsschutzrelevante Delegitimierung des Staates
- Die Akteure – Eine Analyse
- „Querdenken 711"
- Interaktion zwischen „Reichsbürgern" und „Selbstverwaltern" und „Querdenkern"
- Interaktion zwischen Rechtsextremisten und „Querdenkern"
- „Querdenker" und ihr Gewaltpotenzial
- Von enthemmter Sprache zu Tötungsaufrufen
- (Potenzieller) stochastischer Terrorismus

*Gewidmet den Toten und Verletzten
terroristischer Anschläge und
extremistischer Gewalt
sowie ihren Angehörigen.*

Verfassungsschutzrelevante Delegitimierung des Staates

Prof. Dr. Stefan Goertz
Hochschule des Bundes, Fachbereich Bundespolizei, Lübeck

„Querdenker" Verfassungsschutzrelevante Delegitimierung des Staates „Reichsbürger" und „Selbstverwalter" Verschwörungserzählungen Radikalisierungsprozesse Gewaltpotenzial Gewalt gegen Polizisten und Journalisten Stochastischer Terrorismus

Einführend werden die Ideologieelemente der „Querdenker" besprochen. Hierbei wertet ein Unterkapitel die Ergebnisse der ersten empirischen Studien zu „Querdenkern" und Teilnehmern an Corona-Demonstrationen aus. Verschwörungserzählungen sind ein (potenzieller) Radikalisierungsfaktor und spielen für die Bewegung der Querdenker eine wichtige Rolle. Verschiedene aktuelle internationale Verschwörungserzählungen werden von deutschen „Querdenkern" aufgegriffen, darunter auch die antisemitische Verschwörungserzählung „QAnon". In Reaktion auf die „Querdenker"-Bewegung haben die deutschen Verfassungsschutzbehörden einen neuen Phänomenbereich von Extremismus festgestellt, die „verfassungsschutzrelevante Delegitimierung des Staates".

Inhaltsverzeichnis

Einleitung

1

„Querdenker", „Reichsbürger" und „Selbstverwalter" sowie Rechtsextremisten versuchen seit Beginn der Corona-Proteste Einfluss auf diese zu nehmen und diese strategisch und ideologisch zu nutzen. Im Mittelpunkt dieser drei Akteursgruppen steht die Agitation gegen staatliche Corona-Schutzmaßnahmen und nach Angaben der Verfassungsschutzbehörden und Innenministerien eine Delegitimierung dieser Maßnahmen und des Staates sowie seiner Repräsentanten. In Bezug auf „Querdenker" muss differenziert werden. Zu unterscheiden ist beispielsweise in „Querdenker" und deren Organisationsstrukturen, in „Querdenker" mit Bezügen zu rechtsextremistischen Gruppen und/oder Einzelpersonen sowie „Querdenker" mit Bezügen zu „Reichsbürgern" und „Selbstverwaltern" und in Teilnehmer von Corona-Demonstrationen sowie Spaziergängen, die sich – in unterschiedlichen Graden – von diesen distanzieren.

Ab Ende August 2020 warnten die deutschen Verfassungsschutzbehörden davor, dass im Zuge der „Corona-Proteste" in Deutschland eine neue Form von Extremismus entstehen könnte.

Bei der Analyse der Szene der „Querdenker" muss differenziert werden, weil eine komplexe Mischung aus Radikalismus, Verschwörungstheorien und Extremismus festzustellen ist. Bisher gibt es nur sehr wenige Analysen zu diesem Phänomen. Hierzu sollten die Verfassungsschutzbehörden und die Sozialwissenschaft in den nächsten Monaten umfassende Analysen vorlegen, auch um damit die Programme, Mittel und Akteure der Prävention zu unterstützen.

© Der/die Autor(en), exklusiv lizenziert an Springer Fachmedien Wiesbaden GmbH, ein Teil von Springer Nature 2022
S. Goertz, *„Querdenker"*, essentials,
https://doi.org/10.1007/978-3-658-38189-9_1

Ideologieelemente der „Querdenker" 2

Die baden-württembergische Verfassungsschutzpräsidentin Bube erklärte im Zuge der öffentlichen Erklärung der Erhebung von „Querdenken 711" zum „Beobachtungsobjekt Extremismus" durch ihre Behörde am 09.12.2021, dass der „legitime Protest gegen staatliche Maßnahmen zur Eindämmung der Corona-Pandemie einer grundsätzlichen Staats- und Politikfeindlichkeit in bedenklichem Ausmaß" weiche.

„Seit Beginn des Protestgeschehens stellen wir bei den zentralen Akteuren der ‚Querdenker' eine zunehmende Diffamierung staatlichen Handelns fest, die immer wieder in abwegigen Vergleichen mit der Diktatur des Nationalsozialismus und einer Verharmlosung des Holocaust gipfelt. Sie schüren mit falschen Behauptungen gezielt Hass auf den Staat – das ist demokratiefeindlich", erklärte der baden-württembergische Innenminister Thomas Strobl (MIBaWü). „Dabei sind verstärkt auch Anleihen an die ursprünglich aus den USA stammende antisemitische und staatsfeindliche Verschwörungsideologie ‚QAnon' festzustellen. Das betrifft sowohl die Präsenz von wahrnehmbaren ‚QAnon'-Codes bei Versammlungen als auch Äußerungen des ‚Querdenken'-Führungspersonals. Extremistische Verschwörungsmythen können der Nährboden für Gewalthandlungen sein – etwa, wenn zum Widerstand gegen vermeintliches Unrecht aufgerufen wird. Das halten wir für hoch gefährlich", betonte die baden-württembergische Verfassungsschutzpräsidentin (MIBaWü).

Das Innenministerium Baden-Württemberg erhob „Querdenken 711" und seine regionalen Ableger am 09.12.2021 zum „Beobachtungsobjekt Extremismus". Das Landesamt für Verfassungsschutz Baden-Württemberg hatte Anhaltspunkte für eine extremistische Bestrebung festgestellt. Es „liegen hinreichend gewichtige Anhaltspunkte für eine extremistische Bestrebung vor", teilten Innenminister Thomas Strobl und die Präsidentin des Landesamts für Verfassungsschutz

S. Goertz, *Querdenker*, essentials,
https://doi.org/10.1007/978-3-658-38189-9_2

Baden-Württemberg, Beate Bube, mit: „Die Meinungsfreiheit und die Versammlungsfreiheit sind fundamentale Grundrechte, sie sind lebensnotwendig für das
Funktionieren unserer Demokratie. Aber es ist eine Grenze überschritten, wenn
extremistische Bestrebungen die grundgesetzlichen Freiheiten missbrauchen, um
damit ihren extremistischen und verschwörungsideologischen Narrativen Vorschub zu leisten" (MIBaWü). Bube sieht mit Blick auf die Organisatoren von
„Querdenken 711" in Baden-Württemberg sowohl personelle als auch ideologische Überschneidungen zu bereits bekannten Extremisten aus dem Milieu
der „Reichsbürger" und „Selbstverwalter" sowie aus dem Rechtsextremismus.
„Gezielt werden extremistische, verschwörungsideologische und antisemitische
Inhalte mit einer legitimen Kritik an den staatlichen Maßnahmen zur Eindämmung der Corona-Pandemie vermischt", führte Bube aus (MIBaWü). So ordnet
das Landesamt für Verfassungsschutz Baden-Württemberg mehrere maßgebliche
Akteure der „Querdenken"-Bewegung dem extremistischen Milieu der „Reichsbürger" und „Selbstverwalter" zu, die die Existenz der Bundesrepublik leugnen
und demokratische und rechtsstaatliche Strukturen negieren. Diese Erkenntnisse des baden-württembergischen Verfassungsschutzes stehen in deutlichem
Widerspruch zu offiziellen Verlautbarungen von „Querdenken 711", sich von
Extremismus jeglicher Art zu distanzieren (Goertz 2022a, S. 164).

2.1   Ergebnisse der ersten empirischen Studien zu „Querdenkern" und Teilnehmern an Corona-Demonstrationen

Die erste empirische Stude zu Corona-Protesten war eine Befragung am
04.10.2020 in Konstanz, die von Mitarbeitern der Universität Konstanz durchge-
führt wurde (Die „Querdenker". Wer nimmt an Corona-Protesten teil und warum?
Ergebnisse einer Befragung während der „Corona-Proteste" am 04.10.2020 in
Konstanz) (Universität Konstanz 2021). An diesem Tag fand eine ganztägige
Kundgebung auf einem Festplatz am Bodensee statt und die Polizei zählte
während der Kundgebung etwa 2500 bis 3000 Teilnehmende. Dabei wurden Teilnehmer der Corona-Kundgebung angesprochen und zu einer Online-Befragung
eingeladen, an der insgesamt 138 Personen teilnahmen und vollständige Antworten gaben. Nach Angaben der Forscher der Universität Konstanz dominierten am
04.10.2020 in Konstanz vor allem „diejenigen Protest-Teilnehmenden, die man als
das ‚bürgerliches Lager' bezeichnen könnte" (Universität Konstanz 2021, S. 2).
Auch aufgrund von Auflagen der Stadt Konstanz, die das Zeigen von extremistischen Symbolen wie Reichs(kriegs)flaggen verboten hatte, waren extremistische

Gruppen in Konstanz – anders als bei den großen Corona-Demonstrationen im Jahr 2020 in Stuttgart und Berlin – unter den Teilnehmenden nur vereinzelt zu beobachten. Die befragten Teilnehmer an den „Querdenken"-Protesten am 4.10.2020 in Konstanz waren im Durchschnitt 48 Jahre alt, fast zu gleichen Teilen Männer und Frauen, mit einer leichten Überrepräsentation von Frauen. Unter den Teilnehmenden waren Personen mit höheren Bildungsabschlüssen (mindestens Abitur) im Verhältnis zur deutschen Wohnbevölkerung überrepräsentiert. Während in der Vor-Ort-Befragung 47 % mindestens Fachhochschul- oder Hochschulreife hatten, waren es in der Online- Befragung 74 % (im Vergleich zu 33,5 % der Wohnbevölkerung, die über eine Fachhochschul- oder Hochschulreife verfügen) (Universität Konstanz 2021, S. 3). Danach befragt, welche Gruppen aus dem Umfeld der Proteste die Befragten unterstützen oder ablehnen, gaben 84 % an, die Ansichten der Gruppe „Querdenken" zu unterstützen. 57 % unterstützen Impfgegner, 16 % esoterische Gruppen. 39 % der Befragten stimmten der Aussage zu, dass alternative Heilmethoden besser helfen als die Schulmedizin, sodass bestimmte esoterische Überzeugungen eine deutlich größere Resonanz bei den Teilnehmern fanden. Die Verschwörungserzählung QAnon wurde nur von 44 % der Befragten abgelehnt, mehr als die Hälfte (51 %) der Befragten stand der QAnon-Verschwörungserzählung immerhin neutral gegenüber. Eine differenzierte Analyse unter Berücksichtigung des Bildungsgrades zeigt, dass insbesondere die extremistische Reichsbürgerbewegung unter den Teilnehmern der Befragung ohne Abitur Unterstützung fand (8 % im Vergleich zu 0 % unter Befragten mit Abitur) (Universität Konstanz 2021, S. 4). Nur jeder fünfte Befragte glaubte, dass „man Experten trauen kann, wenn diese sagen, das Virus sei gefährlich". Unter Personen mit niedrigerer Bildung glaubte dies sogar nur jeder Zehnte. Gleichzeitig bewerteten fast alle Befragten (93 %) die staatlichen Maßnahmen zur Bekämpfung der Pandemie als stark übertrieben (Universität Konstanz 2021, S. 5; Goertz 2020a, S. 165).

Die zweite empirische Erhebung zu „Querdenkern" und Teilnehmern an Corona-Demonstrationen ist die Online-Befragung „Politische Soziologie der Corona-Proteste Grundauswertung 17.12.2020 der Universität Basel" (Oliver Nachtwey, Robert Schäfer, Nadine Frei). Im Rahmen dieser Online-Befragung wurden Ende 2020 mehr als 1150 ausgefüllte Fragebögen ausgewertet. Die Grundgesamtheit der Befragung bildeten Personen, die zum Zeitpunkt der Befragung Mitglied in einer offenen Telegram-Gruppe waren, die direkt mit der politischen Szene der Querdenker im Zusammenhang steht. Der Großteil der Befragten (75 %) war über 38 Jahre alt, 60,1 % weiblich, 38,7 % männlich,

34 % der Befragten verfügten über ein abgeschlossenes Studium (auch Bachelor), 31 % hatten eine Fachhochschulreife, 21 % einen Realschulabschluss und 4 % eine Promotion (Universität Basel 2020, S. 6).

Auf die Frage einer „wahrgenommenen Schichtzugehörigkeit" antworteten 0,8 % mit „Oberschicht", 32 % mit „obere Mittelschicht", 34 % mit „untere Mittelschicht", 8 % mit „Arbeiterschicht", 2 % mit „Unterschicht" und 14 % mit „keine dieser Schichten" (Universität Basel 2020, S. 9).

Auf die Frage „Welche Partei haben Sie bei der letzten Bundestagswahl gewählt?" antworten die Befragten wie folgt: 21 % „andere", 23 % Die Grünen, 18 % Die Linke, 15 % AfD, 10 % CDU/CSU, 7 % FDP sowie 6 % SPD. Die Frage „Welche Partei würden Sie heute wählen?" schrieben 61 % andere, 27 % AfD, 6 % FDP, 5 % Die Linke, 1 % Die Grünen, 1 % CDU/CSU und 0 % SPD (Universität Basel 2020, S. 10).

Über 85 % der Befragten stimmten der These „Die Corona-Proteste werden in den etablierten Medien gezielt abgewertet und verzerrt" „voll und ganz" zu, 10,7 % stimmten „ganz" zu. Für die Behauptung „Im Umgang mit dem Corona-Virus geben die falschen Experten den Ton an" votierten 63 % „voll und ganz", 23,4 % stimmten zu, 8,9 % stimmten teilweise zu. Der These „Die Corona-Problematik wird von der Regierung übertrieben" stimmten 76,5 % „voll und ganz" zu, 19 % votierten für „ich stimme zu". Der Aussage „Die Regierung schürt im Umgang mit dem Corona-Virus unnötig Angst" stimmten 86 % „voll und ganz" zu, 10 % clickten „ich stimme zu" an. Der These „Banken und Konzerne werden die großen Profiteure der Corona-Krise sein" stimmten 43 % „voll und ganz" zu, 25 % schrieben „ich stimme zu" und 19 % stimmten „teilweise" zu (Universität Basel 2020, S. 12–24).

Die empirische Studie „Quellen des ‚Querdenkertums'. Eine politische Soziologie der Corona-Proteste in Baden-Württemberg" der Universität Basel, veröffentlicht im November 2021, spricht in Bezug auf Charakteristika der Corona-Proteste von einer „Komplementarität von verschwörungstheoretischen und esoterischen Überzeugungen: Diese „conspirituality" ist eine Kritik, die sich als oppositionelle Kritik zum Mainstream zeichnet. Die Befragten inszenieren sich als Eingeweihte, fast sogar als Erwählte, die auch gegen Widerstand, Stigmatisierung und Repression an ihrer Expertise festhalten. Als Eingeweihte glauben sie, über ein höheres Wissen, über die Wahrheit der wirklichen Beweggründe der staatlichen Maßnahmen zu verfügen" (Frei und Nachtwey 2021, S. 3).

Basierend auf empirischen Voruntersuchungen analysierte diese Studie vier mögliche Ursprungsmilieus der „Querdenker", 1) das Alternativmilieu, 2) das anthroposophische Milieu, 3) das christlich-evangelikale Milieu und 4) das bürgerliche Protestmilieu. Nach Angaben der Studie stellen die ersten beiden Milieus zentrale, wenngleich nicht die ausschließlichen, Quellen von „Querdenken" in Baden-Württemberg dar. Dabei weisen diese beiden Milieus strukturelle und ideelle Gemeinsamkeiten und Überschneidungen auf. Unter anderem Ganzheitlichkeit, Individualität, Selbstbestimmung und Naturverbundenheit stellen geteilte Bezugspunkte des Alternativmilieus und des anthroposophischen Milieus dar (Frei und Nachtwey 2021, S. 3–4).

Nach Angaben der Studie „Quellen des ‚Querdenkertums'. Eine politische Soziologie der Corona-Proteste in Baden-Württemberg" von Frei und Nachtwey vom November 2021 ist ein zentrales Element in allen Erzählungen der Teilnehmer der Umfrage die durchgängig geteilte Annahme, dass es sich bei „Covid-19 um kein gefährliches Virus handelt", was wiederum der Kritik an den Maßnahmen aus Sicht der Befragten Dringlichkeit verleiht. So ergebe sich nach Auffassung der Teilnehmer der Umfrage die Infragestellung der Zweck-Mittel-Relation hinsichtlich der Pandemiebekämpfung notwendigerweise aus der Trivialisierung der Gefährlichkeit des Virus. Die damit unverhältnismäßig erscheinenden Corona-Maßnahmen der Politik nahmen die Befragten als Indiz dafür, dass in der Corona-Pandemie „grundsätzlich etwas nicht stimmen könne". Weiter stellten sich die Befragten in den Interviews als „kritische Kritiker" dar. Um ihren Verdacht zu rechtfertigen, bedienten sie sich nach Angabe der Studie dabei eines „protowissenschaftlichen Stils, der durchaus charakteristisch für Konspirationsdenken" sei. Zudem würden besonders drastische Vergleiche gezogen, um ihren widerständigen Mut zu beweisen und ihre politische Praxis zu heroisieren (Frei und Nachtwey 2021, S. 18).

In Bezug auf die Ideologieelemente zahlreicher „Querdenker" ist festzustellen, dass sich die in der Umfrage der Universität Basel befragten Corona-Kritiker als „nüchterne Experten und mutige Widerstandskämpfer zugleich" sehen. Die Befragten inszenierten sich als „Eingeweihte, geradezu als Erwählte, die auch angesichts gesellschaftlicher Ächtung, Stigmatisierung und Repression an ihrer Expertise" festhalten. Als Eingeweihte verfügten sie über die Wahrheit, als Widerstandskämpfer hielten sie öffentlich daran fest. So seien eigenes Recherchieren, kritisches Hinterfragen und Aufspüren von Quellen zentrale Motive in den Interviews. Die coronabedingten Maßnahmen würden von den Befragten unter Verweis auf Wissenschaftler abgelehnt, die eine andere – aus Sicht der Befragten wirklich „kritische" – Perspektive zur Corona-Pandemie einnehmen. Diese gelangten, wie die Befragten selbst, zu einem anderen Urteil über die Gefährlichkeit des Virus und den adäquaten Umgang mit ihm (Frei und Nachtwey 2021, S. 18).

Nach Angaben von Frei und Nachtwey werde die Selbstdarstellung der Befragten als „kritische Kritiker" auf der Basis ihres selbsternannten Expertenstatus durch eine „Selbstinszenierung als heroische Widerstandskämpfer und Märtyrer" ergänzt. So würden sie „standhaft ihre Meinung vertreten, keine Angst kennen und mutig bereit sein dafür auch Opfer, zum Beispiel in Form von Repression, in Kauf zu nehmen". Besonders gut eigne sich für ihre „Pathetik des Dagegenseins" das Skizzieren von „Untergangsszenarien und die Beschwörung möglichst drastischer Vergleiche". Es werde ein Ende der deutschen Demokratie sowie der Rechtsstaatlichkeit in Deutschland diagnostiziert und eine „kommende Diktatur heraufbeschworen". Dafür würden mitunter auch Vergleiche zum Nationalsozialismus gezogen. Die Befragten stellten sich als „mutige Widerstandskämpfer dar, die auch für die Schutzbedürftigsten eintreten" (Frei und Nachtwey 2021, S. 19).

Eine Teilnehmerin der Befragung der Universität Basel wird in der Studie von Frei und Nachtwey wie folgt zitiert: „Ja, also, ich hatte das Gefühl, ich würde Schuld auf mich laden, wenn ich bei diesem System mitmache. Ich kann nicht akzeptieren, dass staatlicher Missbrauch bei Kindern stattfindet. Und für mich ist das psychischer und auch teilweise physischer Missbrauch, der physische Missbrauch kommt dann mit der Maske und mit Abstand" (zitiert nach: Frei und Nachtwey 2021, S. 19).

Frei und Nachtwey halten fest, dass sich die Befragten in ihren Selbstdarstellungen als „Personen zeichnen, die sich nicht täuschen lassen und stattdessen selbst recherchieren, sich nicht einschüchtern lassen und sich einem heroischen Widerstandskampf verpflichtet sehen und sich als Personen darstellen, die sich nichts vorschreiben lassen und sich resolut für Selbstbestimmung und Eigenverantwortung einsetzen" (Frei und Nachtwey 2021, S. 19). Nach diesem Narrativ stellen die Befragten die „wahren" Verteidiger von Demokratie und Freiheit dar. Sie zweifeln die offiziellen Informationen über das Virus an und leugnen die pandemische Lage. In Bezug auf die Pandemie werden die etablierten Medien aufgrund ihrer „Einseitigkeit" kritisiert, da sie wissenschaftliche Tatsachen verzerren würden oder die „falschen Experten" zu Wort kommen ließen. Die Corona-Hygienemaßnahmen der Politik würden von den Befragten als „Angstmacherei" in manipulativer Absicht bezeichnet. Letztlich werde die „systematische Erzeugung von Angst und Panik als Wegbereiter totaler Überwachung interpretiert und ein bereits bestehendes oder nahendes diktatorisches Kontrollregime beklagt" (Frei und Nachtwey 2021, S. 19).

Die Befragten bewerten die Medien nach Angaben der Studie der Universität Basel als „Mainstream-Medien", welche ihre Corona-Proteste „diffamierend und verzerrend" darstellten. Ähnlich wie Politiker würden diese „Angst schüren" (Frei und Nachtwey 2021, S. 19–20).

Bei der Untersuchung der Ideologieelemente, der Narrative und der Weltbilder der befragten „Querdenker" stellen Frei und Nachtwey in ihrer Studie fest, dass Verschwörungserzählungen, Verschwörungsdenken und Esoterik eine Wesensverwandtschaft aufweisen. Esoterik kann man als „claims of higher knowledge and ways of accessing this knowledge" (von Stuckrad 2005, S. 88) verstehen. Das „Höhere" dieses Wissens bezieht sich nach Frei und Nachtwey auf den „Anspruch, eine transzendentale Realität zu (er)kennen, was nur spezifisch Eingeweihten möglich ist. Esoterik sei als „Quelle antagonistischer Kritik, die verschwörungstheoretische Züge trägt" zu verstehen. Die Opposition gegen den staatlichen Eingriff in die eigene Lebensführung ist nicht unabhängig vom Themenbereich Gesundheit und Körper zu analysieren" (Frei und Nachtwey 2021, S. 24–25).

Frei und Nachtwey stellen eine Komplementarität von verschwörungstheoretischen und esoterischen Überzeugungen fest. Die Esoterik begreife sich selbst als „stigmatized knowledge (forgotten, superseded, ignored, rejected, suppressed)", versteht sich also wesentlich als oppositionelles Wissen. So trage die Kritik an den Corona-Maßnahmen strukturanaloge Elemente zur Esoterik (Frei und Nachtwey 2021, S. 26).

Zusammengefasst stellt die empirische Studie der Universität Basel unter Mitgliedern von Telegram-„Querdenker"-Gruppen fest, dass „diese Bewegung durch eine tiefe Entfremdung von Kerninstitutionen der liberalen Demokratie gekennzeichnet ist: Der parlamentarischen Politik und den Parteien, der Wissenschaft und den Medien – allen öffentlichen Institutionen schlägt großes Misstrauen entgegen. Die von uns analysierten Wählerwanderungen legen die Grunddynamik der Querdenken-Bewegung offen, die sich auch für Baden-Württemberg zeigt: Es ist eine Bewegung die teilweise eher von links kommt, sich aber nach rechts bewegt" (Frei und Nachtwey 2021, S. 4).

Einen wichtigen regionalen Unterschied stellt diese Studie der Universität Basel in Bezug auf „Querdenken"-Proteste in Baden-Württemberg gegenüber den Corona-Protesten in ostdeutschen Bundesländern dar. So war bei den Studienteilnehmern der Anteil von AfD-Wählern in Ostdeutschland deutlich höher als in Baden-Württemberg. Entsprechend war der Anteil von ursprünglichen Grünen- und Linke-Wähler in Baden-Württemberg doppelt so hoch wie in Ostdeutschland. Die „Querdenken"-Proteste in Ostdeutschland, vor allem Sachsen, sind nach Angaben jener empirischen Studie wesentlich stärker von Rechtsextremisten geprägt und tragen deutlich weniger esoterische und anthroposophische Züge (Frei und Nachtwey 2021, S. 5).

Die beiden oben ausgewerteten aktuellen Befragungen der Universitäten Konstanz und Basel haben wichtige erste empirische Befunde zu „Querdenkern" und ihren Ideologieelementen geliefert. Diese Ergebnisse müssten nun schnellstmöglich durch weitere empirische Forschung überprüft werden.

2.2   Verschwörungserzählungen als (potenzieller) Radikalisierungsfaktor

In Bezug auf die Frage, welche Rolle Verschwörungserzählungen, Verschwörungsglaube, Verschwörungsdenken für Radikalisierungsprozesse von (gewaltbereiten) „Querdenkern", „Reichsbürgern" und „Selbstverwaltern" sowie Rechtsextremisten spielen können, wird hier einführend auf einen aktuellen Standpunkt aus der Psychologie verwiesen.

Der Glaube an Verschwörungen kommt nach Angaben der Psychologin Lamberty „verschiedenen menschlichen Bedürfnissen entgegen, die mit individuellen psychischen und sozialen Dispositionen verbunden sind: Je einschneidender das auslösende Ereignis, desto stärker die Neigung, außergewöhnliche Ursachen dahinter zu vermuten" (Lamberty 2020). Weiter führt Lamberty aus, dass wenn Menschen aufgrund privater Problemlagen oder gesellschaftlicher Krisen das Gefühl hätten, keine Kontrolle zu haben und sich ohnmächtig fühlen, sie Strategien zu finden versuchten, um damit umzugehen. Glaube an Verschwörungserzählungen könne eine solche Strategie sein. Wenn man an solche Verschwörungserzählungen glaubt, spielt der Zufall als Erklärungsfaktor für eine Situation, für ein Problem dann weniger eine Rolle, es entstehen dann Muster und die Welt wird begreifbarer. Psychologisch betrachtet sind Menschen, wenn sie in psychologischer, wirtschaftlicher, politischer Unsicherheit leben, empfänglicher für Verschwörungsdenken. Wer beispielsweise seinen Job verliert oder zu verlieren droht, glaubt eher, dass „Strippenzieher im Geheimen das Weltgeschehen lenken", der „Glaube an eine Verschwörung kann also sinnstiftend sein und die Welt ordnen" (Lamberty 2020).

Eine andere Erklärung, warum Menschen an Verschwörungserzählungen glauben, hat instrumentellen Charakter. „Die Wahrheit" zu erkennen erzeugt Kontrolle und verstärkt das Gefühl, „Unwissenden" etwas voraus zu haben, besonders zu sein und erhöht damit den eigenen Selbstwert. So haben verschiedene Studien gezeigt, dass vor allem Menschen, die ein starkes Bedürfnis danach haben, sich einzigartig zu fühlen, an Verschwörungserzählungen glauben. In dieser Logik ist man dann „der Wissende und Gute", während die anderen entweder „Teil der Verschwörung" sind oder als „Schlafschafe" diffamiert werden, die vermeintlich der

Regierung, den Medien oder der Wissenschaft blind hinterherlaufen (Lamberty 2020).

Die Verbreitung von Verschwörungserzählungen und -mythen wird seit Beginn der Corona-Pandemie intensiv öffentlich, medial und politisch diskutiert. So führten Verschwörungserzählungen und Fake News weltweit zu massiven Problemen für die Eindämmung der Pandemie, weil Menschen staatliche Schutzmaßnahmen ignorierten und irrationalen Therapiemitteln wie dem Trinken von Bleiche folgten oder zu Gewalt gegen die Akteure staatlicher Coronamaßnahmen aufriefen (Lamberty und Rees 2021, S. 283). Laut bevölkerungsrepräsentativen Erhebungen wie zum Beispiel dem Covid-19-Snapshot-Monitorung glaubt rund ein Viertel der Befragten, „dass es sich bei Covid-19 entweder um einen Schwindel handle, vom dem verborgene Mächte profitieren würden oder das Virus von Menschen absichtlich gezüchtet worden wäre" (Lamberty und Rees 2021, S. 283).

Auch Jahrhunderte nach der mittelalterlichen Pest-Verschwörungserzählung, Juden hätten die Brunnen vergiftet, sind Verschwörungserzählungen im Gesundheitsbereich weit verbreitet. So konnten psychologische Studien zeigen, dass eine Verschwörungsmentalität mit einer stärkeren Ablehnung der wissenschaftlichen Medizin und einer größeren Offenheit für alternative Heilmethoden einhergeht. Je stärker der Verschwörungsglaube, desto eher werden zum Beispiel Impfungen abgelehnt (Imhoff und Lamberty 2020; Lamberty und Rees 2021, S. 287).

In Bezug auf das Gewaltpotenzial von verschwörungsgläubigen „Querdenkern" ist festzustellen, dass Verschwörungserzählungen Gewalt „legitimieren" können, weil Feinde dann all diejenigen sind, die als mächtig wahrgenommen werden, beispielsweile Wissenschaftler, Politiker und Juden (Imhoff und Bruder 2014; Lamberty und Rees 2021, S. 288).

Nach Angaben der Ergebnisse der Mitte-Studie 2020/2021 ist eine Verschwörungsmentalität in Deutschland weit verbreitet. So glaubt beispielsweise jeder fünfte Befragte (22,9 %) an „geheime Organisationen, die großen Einfluss auf politische Entscheidungen haben". Ebenfalls jeder fünfte Befragte ist der Ansicht, „Politiker und andere Führungspersönlichkeiten seien nur Marionetten dahinterstehender Mächte" (20,5 %) oder glauben, „Medien und Politik steckten unter einer Decke" (24,2 %). Sogar ein Drittel (32,3 %) der Befragten der Mitte-Studie teilt eine wissenschaftsfeindliche Haltung und sagt, dass sie „ihren Gefühlen mehr vertrauten als sogenannten Experten" Lamberty und Rees 2021, S. 288). Weiter führt die Mitte-Studie in Bezug auf eine Verschwörungsmentalität in der deutschen Bevölkerung aus, dass diese in verschiedenen gesellschaftlichen Gruppen unterschiedlich stark verbreitet ist. 26,1 % der Frauen glauben an Verschwörungen, 23,5 % der Männer, bei jüngeren Menschen zwischen 16 und 30 Jahren glauben 14,4 % an Verschwörungen, bei Menschen zwischen 31 und 60 Jahren wiederum 26,6 %. Zwischen Ost- und Westdeutschland unterscheiden sich Menschen erheblich in einer Verschwörungsmentalität: Während 32,8 % der Ostdeutschen an Verschwörungen glauben, sind es bei Westdeutschen 20,3 %. Auch in Bezug auf den Bildungsgrad zeigen sich auffällige Unterschiede: Während Menschen mit formal hoher Bildung am wenigsten an Verschwörungen glauben (12,9 %), glaubt etwa ein Viertel derer mit mittlerem Bildungsgrad (25,3 %) und mehr als ein Drittel derer mit formal niedrigem Bildungsgrad (36,5 %) an Verschwörungen Lamberty und Rees 2021, S. 290–291).

Eine Bestätigung älterer Studien ist das Ergebnis der aktuelle Mitte-Studie, das besagt, dass Verschwörungsglauben und Gewaltbilligung zusammenhängen. So billigen knapp 14 % der Befragten mit Verschwörungsmentalität die Anwendung von Gewalt zur Erreichung politischer und sozialer Ziele, während bei Menschen ohne Verschwörungsmentalität ca. 4 % angaben, die sie würden Gewalt zur Erreichung politischer und sozialer Ziele billigen (Lamberty und Rees 2021, S. 288).

Verschwörungsglauben, Verschwörungsdenken zeichnet sich dadurch aus, dass hinter der offiziell dargestellten Wirklichkeit andere Absichten vermutet werden. Es basiert auf einem manichäischen, dualistischen Weltbild. Entweder werden angeblich im Geheimen agierenden Gruppen sinistre Absichten unterstellt, die diese zu verschleiern versuchen. Oder der Regierung, „der Politik", wird unterstellt, dass sie – aus obskuren Gründen – die Bevölkerung manipulieren würde und selbst hierbei nur als Marionette der mächtigen Strippenzieher im Hintergrund agiert. Diese Logik stellten die Forscher der Universität Basel in ihrer empirischen Studie zu „Querdenkern" fest („Quellen des ‚Querdenkertums'. Eine politische Soziologie der Corona-Proteste in Baden-Württemberg", Frei und Nachtwey 2021). So bedienten sich die Interviewten der Studie eines konspirativen Denkens. Dabei habe es nach Angaben von Frei und Nachtwey System, dass bei den Verschwörungserzählungen der „Querdenker" nur selten eine Konkretisierung der angeblich „geheimen Absichten der Politiker" erfolgt. Ein Beispiel dafür ist das Zitat eines Interviewten: „Dann stelle ich mir natürlich im Zusammenhang mit dieser ganzen Corona-Geschichte die Frage: ‚Was haben die jetzt für Interessen, haben die jetzt wirklich das Wohl der Menschen im Auge? Oder haben die mehr das Interesse, das große Geld zu verdienen?'" (Frei und Nachtwey 2021, S. 21). Wichtiger als die Frage, wer eigentlich dahintersteckt, sei für Verschwörungsgläubige die Behauptung, dass „jemand dahintersteckt respektive dass etwas nicht weiter bestimmtes faul sein muss" (Frei und Nachtwey 2021, S. 21). In der Wahrnehmung der Verschwörungsgläubigen geschehe „nichts ohne Grund" und die Befragten weigerten sich, „gutgläubig alles hinzunehmen".

Seit Herbst 2020 grenzten sich nach Auffassung der deutschen Verfassungsschutzbehörden viele Corona-Demonstrierende nicht mehr von Rechtsradikalen, Rechtsextremisten, „Reichsbürgern" und Verschwörungsgläubigen ab. Demonstrierende aus der „bürgerlichen Mitte", die teilweise Kinder mit zu den Demonstrationen bringen, bewerteten extremistische Aussagen als unproblematisch (Zeit Online 2020a). Ein Teil der Corona-Protestbewegung gehe auf organisierte rechtsextremistische Strukturen zurück, die aktiv „Querdenker" für die Corona-Demonstrationen rekrutieren. Auch Anhänger der Verschwörungserzählung QAnon spielten hierbei eine Rolle. Das Bundesamt für Verfassungsschutz führt aus, dass ein „ausgeprägter Glaube an Verschwörungstheorien die Bereitschaft zu kriminellen Handlungen fördern" könne, beispielsweise verstünden Verschwörungsgläubige Angriffe auf Regierungseinrichtungen als Akte der Selbstverteidigung (Zeit Online 2020a; Goertz 2022a, S. 166).

2.3   Verschwörungserzählungen mit Bezug zu den „Querdenkern"

Die Verschwörungserzählungen und Fake News „Corona ist harmloser als die Grippe!", „Bill Gates will die Menschheit impfen, chippen und profitiert von der weltweiten Pandemie" und „5G verbreitet das Coronavirus" wurden millionenfach geteilt. Fake News und Verschwörungserzählungen verbreiteten sich zu Beginn der Corona-Pandemie, im Frühjahr 2020, schneller als das Virus selbst. Panikmache, falsche Zahlen, angebliche „Fakten" und Verschwörungserzählungen verunsicherten und manipulierten Menschen bei Whatsapp & Co. „Das Coronavirus wurde in einem chinesischen Labor bewusst gezüchtet, um der westlichen Welt zu schaden", die „Corona-Krise war seit langem von Politikern geplant", „die Maßnahmen der Bundesregierung und Landesregierungen sind schlicht überzogene Panikmache": Solche und ähnliche Verschwörungserzählungen wurden mit dem weltweiten Fortschreiten der Corona-Pandemie in Videos und Texten massenhaft in sozialen Netzwerken verbreitet (Goertz 2020a, S. 440).

Die Verbreitung von Corona bzw. Sars-CoV-2 wurde von Anfang an durch krude Verschwörungserzählungen und Fake News begleitet. Als Corona Anfang 2020 noch auf China begrenzt war, kursierten bereits Verschwörungserzählungen zu dessen Ursprung, die sich schnell in der sog. Corona-Querfront verbreiteten. Das neuartige Virus sei von „geldgierigen Geschäftsleuten" rund um Bill Gates erschaffen worden sein, die bereits ein Patent auf Impfstoffe angemeldet hätten. Auch der US-Milliardär George Soros und Israel wurden in sozialen

Medien als Urheber von Corona beschuldigt. Weiter verbreiteten Verschwörungsgläubige in den Sozialen Medien die Behauptung „Das Virus wurde erschaffen
als Maßnahme gegen Überbevölkerung", es würde „als Biowaffe und Machtin-
strument einer Elite benutzt", etwa einer „zionistischen US-amerikanischen und
israelischen Lobby" (Goertz 2020a, S. 441).

Verschwörungserzählungen mit einer großen Reichweite in die Querfront,
später in die Bewegung der „Querdenker", verbreiteten das Narrativ, und zwar
noch viele Monate nach dem tausendfachen Tod von Covid-Erkrankten, dass die
Gefährlichkeit von Coronaviren nicht ausreichend bewiesen und die getroffenen
Gegenmaßnahmen der Politik völlig unverhältnismäßig seien. In diesem Zusammenhang wurden oftmals verharmlosende Vergleiche mit Grippe-Erkrankungen
herangezogen und Zweifel an der Arbeit des Robert- Koch-Instituts (RKI) und
der Zählweise der Todesfälle geäußert (Kalisch und Stotz 2020; Goertz 2022a,
S. 441). Zu den Protagonisten dieser unter Querdenkern sehr weit verbreiteten Verschwörungserzählung zählt Sucharit Bhakdi, emeritierter Professor für
Mikrobiologie und Hygiene, der in zahlreichen reichweitenstarken Videos auf-
taucht und entgegen dem allgemeinen wissenschaftlichen Konsens behauptet, die
Gefährlichkeit des Coronavirus sei nicht hinlänglich bewiesen.

„Bill und Melinda Gates haben das Coronavirus erschaffen, um die Welt zu
regieren und die Menschheit durch Zwangsimpfungen zu kontrollieren", so lautete eine weltweit populäre Verschwörungserzählung zum Coronavirus, die auch
von Querdenkern aufgenommen wurde. Die Verschwörungserzählungen um Bill
Gates kursierten in verschiedenen Abstufungen, aber im Kern geht es darum,
dass sein Engagement für das Gesundheitswesen ihm von Verschwörungsgläubigen als perfider Plan ausgelegt wird, da er die Welt regieren wolle oder dies sogar
schon tue. Weiter führen diese Verschwörungserzählungen sinngemäß aus: „Bill
und Melinda Gates haben die WHO gekauft und regieren nun in einer Art geheimen Diktatur die Welt, denn Politiker*innen und Virolog*innen sind nun ihre
Marionetten. Sie wollen Zwangsimpfungen verteilen, mit denen sie die Weltbe-
völkerung reduzieren, und im Zuge dessen natürlich auch ordentlich Gewinn mit
dem Verkauf des Impfstoffs machen. Außerdem will Gates im Kampf gegen den
Erreger den Menschen Mikrochips einpflanzen lassen – und mit Hilfe von 5G die
totale Kontrolle erlangen" (zitiert nach: Thomaser 2020). In Deutschland wurde
diese Verschwörungserzählung u. a. durch den Verschwörungsgläubigen Ken Jebsen verbreitet. Der ehemalige Moderator hatte seinen Job wegen antisemitischen
Aussagen verloren – er bezeichnete den Holocaust als PR – und ist nun YouTuber.
Dort verbreitet er krude Verschwörungstheorien, zum Beispiel zu 9/11. Jebsen
vergleicht die Presse mit den gleichgeschalteten Medien der NS-Zeit, denn sie
seien „damals wie heute von den Eliten manipuliert", und inszeniert sich selbst

als „freies Presseportal" (Thomaser 2020). Der Verschwörungsgläubige Ken Jebsen behauptet, dass die deutsche Bundesregierung nur Berater beschäftige, die
„auf der Gates-Lohnliste" stehen, „so wie das Robert Koch-Institut".
Eine weitere Verschwörungserzählung zur Pandemie lautete: „5G verbreitet das Coronavirus". Im Frühjahr und Sommer 2020 verbreitete sich diese
Verschwörungserzählung über einen angeblichen Zusammenhang zwischen der
Corona-Pandemie und der Mobilfunktechnik 5G. Mit unbewiesenen Thesen
wurden Ängste geschürt, in Großbritannien wurden wegen dieser Verschwörungserzählung zahlreiche Handymasten attackiert. Selbsternannte Experten versuchten
im Internet mit Grafiken und Landkarten zu belegen, dass die neue Mobilfunktechnik 5G Schuld trage an der weltweiten Verbreitung des Coronavirus. Manche
Verschwörungsgläubige behaupteten gar, es bestehe ein genereller Zusammenhang zwischen verschiedensten Pandemien und Handystrahlung. Jede neue
Mobilfunkgeneration hätte in der Vergangenheit eine neue Seuche ausgelöst (BR
24 2020; Goertz 2020a, S. 443).

In einem Analyseschwerpunkt des Sonderlagebildes „Gefahren- und Risikopotenzial insbesondere durch Extremisten und fremde Dienste", das nach
der Herbsttagung der Innenministerkonferenz (IMK) im Dezember 2020 medial
besprochen wurde, warnte das Bundesamt für Verfassungsschutz vor der QAnon-
Bewegung und ihrer Verschwörungserzählung. Die in den USA entstandene
Vereinigung von Verschwörungstheoretikern findet auch in Deutschland Anhänger. Das Kernelement dieser Verschwörungstheorie ist die Behauptung, „ein im
Verborgenen agierender, internationaler Ring von Pädophilen aus Geheimdiens-
ten, Politik und Wirtschaft ermorde in unterirdischen Lagern Kinder, um aus
ihrem Blut die lebensverjüngende Substanz Adrenochrom zu gewinnen. Die Ver-
schwörungstheoretiker steigern sich in den Wahn hinein, ein ,deep state' (tiefer
Staat) sei zugange." Bei Corona-„Protesten" in Berlin und anderen Städten trugen
QAnon-Anhänger demonstrativ Kleidungsstücke mit einem „Q" und die Verfassungsschutzbehörden führen aus, dass sowohl „Rechtsextremisten als auch
eine Reihe von Reichsbürgern der QAnon-Theorie anhängen" (Jansen 2020).
Ein Anknüpfungspunkt für Rechtsextremisten biete die Behauptung der QAnon-
Bewegung, die handelnden Eliten des „tiefen Staates" seien „Linke, jüdischen
Glaubens oder von Juden gesteuert". Daher sehen die Verfassungsschutzbehörden
die Gefahr, dass antisemitische und/oder gegen Politiker gerichtete Gewalttaten
„mit der Behauptung einer Bedrohung durch den,tiefen Staat' legitimiert würden"
(Jansen 2020; Goertz 2022a, S. 166).

Die Bundesregierung erklärte in ihrer Antwort auf eine Kleine Anfrage im
Bundestag im Jahr 2020, dass Veranlasser und Verbreiter von Verschwörungsideologien mit Bezug auf die Corona-Krise sowohl „Akteure aus den Bereichen

der ‚Reichsbürger und Selbstverwalter' als auch Personen und Organisationen aus dem rechtsextremistischen Spektrum" seien und dazu auch „rechtsextremistische Parteien" gehören (Deutscher Bundestag 2020, S. 3). Weiter führte die Bundesregierung 2020 aus, dass „sowohl ‚Reichsbürger' und ‚Selbstverwalter' als auch Rechtspopulisten und Rechtsextremisten Verschwörungsmythen verbreiten", die antisemitische, fremdenfeindliche und rassistische Ideologieelemente aufweisen. Diese Themen werden mit anderen Themen, wie z. B. dem vermehrten Zuzug von Flüchtlingen vor einigen Jahren oder Kritik am Regierungshandeln insbesondere in der jetzigen Corona-Krise vermischt. So wird unter anderem ein sofortiger Einreisestopp für Asylsuchende gefordert, weil „Migranten, Asylsuchende und Flüchtlinge" noch mehr Krankheiten mitbrächten. Neben dieser fremdenfeindlichen Abwertung finden sich in Beiträgen mit verschwörungstheoretischen Inhalten im Zusammenhang mit COVID-19 Behauptungen, eine „jüdische Elite" habe die Pandemie bewusst hervorgerufen. Weitere verschwörungstheoretische Aussagen gehen davon aus, dass das Coronavirus künstlich – als biologische Waffe – erschaffen worden sei (Deutscher Bundestag 2020, S. 4).

Explizit wies die Bundesregierung 2020 darauf hin, dass Grundlage vieler Verschwörungsideologien antisemitische Denkmuster seien, sodass vor allem Juden gefährdet seien, durch Verschwörungsideologien verstärkt Ausgrenzung und Diskriminierung zu erfahren. Zudem seien auch Mitarbeiter staatlicher Institutionen gefährdet, da sie als Teil der empfundenen Verschwörung wahrgenommen werden. Die Verbindung der „QAnon-Bewegung" zur Coronakrise sah die Bundesregierung der letzten Legislaturperiode darin, dass innerhalb der „QAnon-Bewegung" die Ansicht verbreitet sei, dass das Virus „dunklen Mächten genutzt" werde, um die „Wirtschaft zu zerstören und/oder die weltweite Bevölkerungskontrolle" umzusetzen. So sei es nach Angaben der letzten Bundesregierung nicht auszuschließend, dass diese Offenheit dazu führte, dass rechtsextremistische Inhalte, beispielsweise Volksverhetzung oder Holocaustleugnungen, innerhalb der „QAnon"-Bewegung veröffentlicht werden. Der Bundesregierung lagen bereits im Jahr 2020 Hinweise vor, dass sowohl Rechtsextremisten als auch eine Reihe von „Reichsbürgern" und „Selbstverwaltern" der „QAnon"-Theorie folgen (Goertz 2022a, S. 167).

Neuer Phänomenbereich von Extremismus: Verfassungsschutzrelevante Delegitimierung des Staates

3

Das Bundesministerium des Innern definiert Extremismus als „Bestrebungen, die den demokratischen Verfassungsstaat und seine fundamentalen Werte, seine Normen und Regeln ablehnen". So wollen Extremisten die freiheitliche demokratische Grundordnung (fdGO) abschaffen und sie durch eine ihren jeweiligen Vorstellungen entsprechende Ordnung ersetzen. Häufig heißen Extremisten Gewalt als ein geeignetes Mittel zur Durchsetzung der eigenen Ziele gut, propagieren dieses oder setzen sie sogar ein. Terrorismus ist die aggressivste und militanteste Form des Extremismus. Terroristen wollen Angst und Schrecken verbreiten, um ihre Ziele zu erreichen. Sie bedrohen somit auch die individuelle Freiheit und Sicherheit von offenen Gesellschaften (BMI 2022).

Das Landesamt für Verfassungsschutz Bayern verweist darauf, dass die deutschen Verfassungsschutzbehörden zwischen „Extremismus" und „Radikalismus" unterscheiden, obwohl beide Begriffe häufig medial synonym gebraucht werden. Bei „Radikalismus" handelt es sich nach Angaben des Landesamtes für Verfassungsschutz Bayern zwar auch um eine überspitzte, zum Extremen neigende Denk- und Handlungsweise, die gesellschaftliche Probleme und Konflikte bereits „von der Wurzel (lat. radix) her" anpacken will. Im Unterschied zum „Extremismus" sollen jedoch weder der demokratische Verfassungsstaat noch die damit verbundenen Grundprinzipien unserer Verfassungsordnung beseitigt werden. Als extremistisch werden dagegen die Aktivitäten bezeichnet, die darauf abzielen, die Grundwerte der freiheitlichen Demokratie zu beseitigen (Bayern LfV 2022).

Das Landesamt für Verfassungsschutz Bremen konkretisiert in Bezug auf extremistische Bestrebungen, dass dies im Sinne der Verfassungsschutzgesetze Aktivitäten mit der Zielrichtung, die Grundwerte der freiheitlichen Demokratie zu beseitigen, sind. Bestrebungen gegen die Freiheitliche demokratische Grundordnung (FdGO) sind solche politisch bestimmten, ziel- und zweckgerichteten

Verhaltensweisen in einem oder für einen Personenzusammenschluss, der darauf gerichtet ist, einen der zur Freiheitlichen demokratischen Grundordnung zu zählenden Verfassungsgrundsätze zu beseitigen oder außer Geltung zu setzen. Extremistische Verhaltensweisen von Einzelpersonen, die nicht in einem oder für einen Personenzusammenschluss handeln, sind Bestrebungen gegen die Verfassung, wenn sie auf Anwendung von Gewalt gerichtet sind oder auf Grund ihrer Wirkungsweise geeignet sind, ein Schutzgut des Bundesverfassungsschutzgesetzes oder eines Landesverfassungsschutzgesetzes erheblich zu beschädigen (Bremen LfV 2022).

Im April 2021 erklärte das Bundesamt für Verfassungsschutz, dass es einen neuen Phänomenbereich von Extremismus festgestellt hat, die „verfassungsschutzrelevante Delegitimierung des Staates". Hier konstatierte das Bundesamt für Verfassungsschutz, dass sich die „demokratische Grundordnung und staatliche Einrichtungen wie Parlamente und Regierende seit Beginn der Maßnahmen zur Eindämmung der COVID-19-Pandemie vielfältigen Angriffen ausgesetzt" sähen: „Demokratische Entscheidungsprozesse und die entsprechenden Institutionen von Legislative, Exekutive und Judikative werden in sicherheitsgefährdender Art und Weise delegitimiert und verächtlich gemacht. Verschwörungsmythen wie QAnon oder andere antisemitische Ressentiments werden dabei ebenso bemüht, wie weitere aus rechtsextremistischen oder ‚Reichsbürger'- und ‚Selbstverwalter'-Zusammenhängen bekannte Stereotype. Verschwörungstheorien sind ein nahezu durchgängig festzustellendes Phänomen und haben eine erhebliche katalysatorische Wirkung" (BfV 2021).

Dabei zeigten Anmelder und Organisatoren von Corona-Demonstrationen – zuvörderst zu nennen sind hier Protagonisten der Querdenken-Bewegung – nach Angaben der deutschen Verfassungsschutzbehörden deutlich, dass ihre Agenda über die reine Mobilisierung zu Protesten gegen die staatlichen Corona-Schutzmaßnahmen hinausgeht: „Dort werden Verbindungen zu ‚Reichsbürger'- und ‚Selbstverwalter'-Organisationen sowie Rechtsextremisten in Kauf genommen oder gesucht, das Ignorieren behördlicher Anordnungen propagiert und letztlich das staatliche Gewaltmonopol negiert. Ein solches Vorgehen ist insgesamt geeignet und zielt darauf ab, das Vertrauen in die staatlichen Institutionen und seine Repräsentanten nachhaltig zu erschüttern" (BfV 2021).

Weil die Zuordnung der maßgeblichen Personenzusammenschlüsse oder Einzelpersonen in vielen Fällen weder zu einem bestehenden Beobachtungsobjekt noch zu einem der Phänomenbereiche ohne Einschränkungen möglich waren, richtete das Bundesamt für Verfassungsschutz den neuen Phänomenbereich „Verfassungsschutzrelevante Delegitimierung des Staates" ein. Innerhalb dieses

Bereichs wurde ein bundesweites Sammelbeobachtungsobjekt „Demokratiefeindliche und/oder sicherheitsgefährdende Delegitimierung des Staates" eingerichtet,
dem die diesbezüglich relevanten Akteure zugeordnet und angesichts dessen sie
nachrichtendienstlich bearbeitet werden (BfV 2021).

Der baden-württembergische Verfassungsschutz hat „Querdenken 711" und
seine regionalen Ableger im Land zum Beobachtungsobjekt Extremismus erhoben
und dies am 9. Dezember 2020 im Rahmen einer Pressekonferenz erläutert. Nach
Angaben des Innenministers von Baden-Württemberg, Thomas Strobl, sowie der
Präsidentin des Landesamts für Verfassungsschutz Baden-Württemberg, Beate
Bube, liegen hinreichend gewichtige Anhaltspunkte für eine extremistische
Bestrebung vor: „Die Meinungsfreiheit und die Versammlungsfreiheit sind fundamentale Grundrechte, sie sind lebensnotwendig für das Funktionieren unserer
Demokratie. Aber es ist eine Grenze überschritten, wenn extremistische Bestrebungen die grundgesetzlichen Freiheiten missbrauchen, um damit ihren extremistischen und verschwörungsideologischen Narrativen Vorschub zu leisten. Der
Verfassungsschutz in Baden-Württemberg hatte bereits zwei hellwache Augen
auf die ‚Querdenken'-Gruppierung, und er hat nun – sobald die Voraussetzun-
gen für eine Beobachtung vorlagen – schnell und entschlossen gehandelt. Die
fortgeschrittene Radikalisierung der ‚Querdenken'-Gruppierung im Land macht
eine Beobachtung ihrer Organisationsebene durch unseren Verfassungsschutz
unabdingbar", sagte der Innenminister von Baden-Württemberg Thomas Strobl
(MIBaWü 2020).

Das Landesamt für Verfassungsschutz Baden-Württemberg ordnet mehrere
maßgebliche Akteure der „Querdenken"-Bewegung dem extremistischen Milieu
der „Reichsbürger" und „Selbstverwalter" zu, die die Existenz der Bundesrepublik leugnen und demokratische und rechtsstaatliche Strukturen negieren. Hinzu
kommt die bewusste, überregionale Zusammenarbeit von „Querdenken 711" mit
anderen bekannten extremistischen Akteuren aus dem Milieu der „Reichsbürger"
und „Selbstverwalter" sowie aus dem Rechtsextremismus. Diese Erkenntnisse
des Landesamtes für Verfassungsschutz Baden-Württemberg stehen in deutlichem Widerspruch zu offiziellen Verlautbarungen von „Querdenken 711", sich
von Extremismus jeglicher Art zu distanzieren (MIBaWü 2020; Goertz 2022b,
S. 143–146).

Die baden-württembergische Verfassungsschutzpräsidentin stellte im Rahmen einer Pressekonferenz fest, dass sich die nachrichtendienstlichen Maßnahmen des Landesamtes für Verfassungsschutz Baden-Württemberg „ausschließlich gegen die Organisationsstrukturen von ‚Querdenken 711' und ihrer regionalen Ableger sowie gegen Extremisten im Umfeld der Gruppierung und ihrer Versammlungen – nicht gegen die größtenteils nicht-extremistischen Teilnehmerinnen und Teilnehmer am Corona-Protestgeschehen" richten (MIBaWü 2020; Goertz 2022b, S. 143–146).

Die Akteure – Eine Analyse

4

4.1 Ein heterogenes Spektrum

„Sind das alle Extremisten"? Diese Frage prägt viele Diskussionen in Deutschland, seitdem es „Querdenken 711" gibt. Hier muss differenziert werden. Im späten Frühjahr und frühen Sommer 2020, zu Beginn der ersten großen Corona-Demonstrationen, war der Anteil von Rechtsradikalen, Rechtsextremisten sowie „Reichsbürgern" und „Selbstverwaltern" an Demonstrationszügen mit bis zu 40.000 Teilnehmern noch deutlich geringer als im Herbst und Winter 2021. Noch im Juli 2020 erklärte die damalige Bundesregierung in einer Antwort auf eine Kleine Anfrage der Fraktion Bündnis 90/Die Grünen, dass die Corona-Kundgebungen, „Spaziergänge" und Versammlungen im Zusammenhang mit der Corona-Pandemie „in der großen Mehrzahl von nichtextremistischen Akteuren organisiert und frequentiert" würden (Deutscher Bundestag 2020, S. 6).

Seit dem Entstehen der „Querdenker" im Frühjahr 2020 bis zum Mord an einem Tankstellenmitarbeiter in Idar-Oberstein sowie den Mordplänen gegen den Ministerpräsidenten von Sachsen, Michael Kretschmer, gab es zahlreiche Radikalisierungsverläufe unter „Querdenkern". Indizien für diese Radikalisierungsprozesse gab es seit Sommer 2020 zahlreiche. Verbale Anfeindungen gegen Polizisten und Journalisten, Gewalt gegen Polizisten und Journalisten, dazu enthemmte Sprache und Androhung von Gewalt gegen Politiker und Mitarbeiter von Impfzentren in den Sozialen Medien, allen voran auf Telegram.

Die Heterogenität des Protestmilieus der „Querdenker" zeigte sich bis zum Sommer 2020, bis zum medial so getauften „Sturm auf den Reichstag" bei den großen Corona-Demos in Berlin und anderen großen Städten. Nach Angaben der damaligen Bundesregierung im Juli 2020 zogen die Corona-Demos „diffus regierungskritisch motivierte Teilnehmer aus verschiedenen politischen

S. Goertz, *Querdenker*, essentials,
https://doi.org/10.1007/978-3-658-38189-9_4

Lagern an, die gegen die geltenden Infektionsschutzmaßnahmen und gegen eine vermeintlich ungerechtfertigte Einschränkung von Grundrechten demonstrieren" (Deutscher Bundestag 2020, S. 6). Weiter führte die Bundesregierung aus, dass sich die große Mehrheit der Teilnehmer an den Demonstrationen im Zusammenhang mit den staatlichen Corona-Beschränkungen aus einem überaus heterogenen, teils regierungskritischen bis systemablehnenden Milieu zusammensetzen. Bei einem Teil von Versammlungen habe sich im Verlauf des Jahres 2020 jedoch eine Mischung aus Verschwörungsgläubigen über Impfgegner bis hin zu bislang unpolitischen Personen etabliert (Deutscher Bundestag, S. 6). In Bezug auf die Corona-Proteste stellte das Bundesamt für Verfassungsschutz noch im Sommer 2020 fest, bis dahin „äußerst heterogen, in seinem Kern jedoch demokratisch" gewesen seien (BfV 2020a). Allerdings erklärten die deutschen Verfassungsschutzbehörden ebenfalls im Sommer 2020, dass bereits im Frühjahr 2020 „mehrere rechtsextremistische Protagonisten" dazu aufgerufen hatten, „sich an den Demonstrationen gegen die Beschränkungsmaßnahmen organisationsübergreifend zu beteiligen und bei Kundgebungen außerhalb des rechtsextremistischen Spektrums Präsenz in der Öffentlichkeit zu zeigen" (BfV 2020a). Aus der Sprache der Verfassungsschutzbehörden übersetzt bedeutet das: Rechtsextremisten, „Reichsbürger" und „Selbstverwalter" haben sehr schnell die Gelegenheit erkannt, Seite an Seite mit Hunderten („Corona-Spaziergänge") bis Tausenden Menschen (Demos) aus der Mitte der Bevölkerung, Nicht-Extremisten, zu demonstrieren. Seite an Seite mit ihnen zu demonstrieren, zu laufen, gemeinsam mit ihnen Polizeiketten und Journalisten gegenüber zu stehen. Diese Extremisten erkannten eine historische Chance, sich unter die demokratische Mitte zu mischen und dort Menschen kennenzulernen, die zur demokratischen Mehrheit gehören.

Im Juni 2020, etwa acht Wochen vor dem sog. „Sturm auf den Reichstag", beauftragten die Innenminister der Bundesländer und der damalige Bundesinnenminister das Bundesamt für Verfassungsschutz, die Corona-Demonstrationen auf ihr Gewaltpotenzial hin zu analysieren. Im Mittelpunkt des Auftrags stand die Frage: „Geht von den Corona-Protesten eine Gefahr für die Innere Sicherheit Deutschlands aus?" (Zeit Online 2020a). Die Antwort darauf gab das Bundesamt für Verfassungsschutz in einem 37-seitigen „Sonderlagebild Gefahren- und Risikopotenzial durch Extremisten". Erstens stellten die Verfassungsschützer darin mit Besorgnis fest, dass sich viele Demonstrierende mehr und mehr nicht mehr von Rechtsradikalen, „Reichsbürgern", Verschwörungsgläubigen und Rechtsextremisten abgrenzten. So hätten Teilnehmende der aus der bürgerlichen Mitte, die teilweise Kinder mit zu den Demonstrationen brachten, extremistische Aussagen verleugnet oder sie als unproblematisch bewertet. Es sei eine

„Querfront" aus Rechtsextremisten, „Reichsbürgern", Rechtsradikalen, Esoteri-
kern, Alt-Hippies und christlichen Fundamentalisten entstanden (Zeit Online
2020a).

Zweitens konstatierte das Bundesamt für Verfassungsschutz, dass ein
Teil der Corona-Proteste auf organisierte rechtsextremistische Strukturen
zurückgehe. Im Vorfeld des „Sturms auf den Reichstag" hatten sowohl
„Reichsbürger"- und „Selbstverwalter"-Gruppierungen als auch rechtsextremis-
tische Organisationen, Parteien und Einzelpersonen intensiv zur Teilnahme an
den Corona-Demonstrationen in Berlin aufgerufen (BMI 2021, S. 60). Der Co-
Bundesvorsitzende von „DIE RECHTE" Sven Skoda sah in einem auf der
Homepage seiner Partei veröffentlichten Beitrag die Möglichkeit einer Revolu-
tion in Deutschland: „Schrumpft oder stirbt gar die Wohlfühlzone des deutschen
Michels, wird es auch für die Herren der Republik sehr ungemütlich an ihren
Trögen. [...] Das deutsche Volk ist den Machthabern, abgesehen von seiner
Arbeitsleistung, vollkommen egal. [...] Jede Verschärfung der Zustände hat auch
immer das Potential alles bisherige ins Wanken zu bringen." (Homepage „DIE
RECHTE", 31. März 2020, zitiert nach: BMI 2021, S. 61–62). Die rechtsextremistische Partei „Der III. Weg" rief auf ihrer Homepage in einem längeren
Beitrag zur Coronapandemie zu „Deutsche[m] Sozialismus" und „revolutio-
näre[n] Veränderungen" auf. Die Auswirkungen der Coronapandemie auf die
politische Lage in Deutschland und der Europäischen Union (EU) betrachtete
diese rechtsextremistische Partei als eindeutigen Hinweis darauf, dass das „kapi-
talistische System (…) äußerst störanfällig" und – in letzter Konsequenz – „am
Ende" sei. Die Krisensituation würde genutzt, um durch einen Ausbau der staatlichen „Machtfülle" bürgerliche Freiheiten einzuschränken. Als Profiteure der Krise
betrachtet die Partei „bereits jetzt, diverse Hedgefonds", welche sie vor allem in
den Händen „jüdischer Manager" verortete (zitiert nach: BMI 2021, S. 61–62).

Rechtsextremisten behaupteten im Rahmen von Corona-Demonstrationen und
online, eine „jüdische Elite" habe das Virus künstlich geschaffen und die Pandemie bewusst hervorgerufen. Weiter behaupteten Rechtsextremisten im Zusammenhang mit Corona-Demonstrationen, „die Bundesregierung nutze die Krise
aus, um Mechanismen für die Überwachung der Bevölkerung zu installieren"
(BMI 2021, S. 60).

Drittens befürchteten die Verfassungsschützer des Bundes, dass im Zuge
der Corona-Proteste in der Bewegung der „Querdenker" eine neue Form von
Extremismus entstehen könnte, verbunden mit Gewaltbereitschaft. Hier verwies
dieses Verfassungsschutzpapier auch darauf, dass ein „ausgeprägter Glaube an
Verschwörungstheorien" [...] „die Bereitschaft zu kriminellen Handlungen fördern" könne. Verschwörungsgläubige verstünden beispielsweise „Angriffe auf

Regierungseinrichtungen als Akte der Selbstverteidigung" (Zeit Online 2020a).
Dazu wurde hier eine inhaltliche Schnittmenge zwischen der bekannten rechtsextremistischen Szene und Verschwörungsgläubigen ausgemacht. Beide Lager
verbinde Elitenfeindlichkeit und Antisemitismus. Beide verträten die These der
Existenz einer „neuen Weltordnung", eines „deep state", eines „tiefen Staats",
einer „Schattenregierung" hinter der eigentlichen Regierung, hängen dem Mythos
des „großen Austauschs" an und schüren unbegründete Panik vor vermeintli-
chen Zwangsimpfungen. Hinzu kommen die noch absurderen Wahnvorstellungen
des QAnon-Kults, dessen Anhängerinnen und Anhänger unter anderem glauben, es gäbe ein weltweit agierendes Pädophilennetzwerk, deren Mitglieder in
unterirdischen Anlagen Kinder missbrauchten und ermordeten.

In Antwort auf die Frage „Sind das alles Extremisten?" erklärte der Präsident des Bundesamtes für Verfassungsschutz, Thomas Haldenwang, Mitte Januar
2022, dass sich „Demonstranten der Corona-Proteste nicht mehr eindeutig dem
Rechts- oder Linksextremismus zuordnen" ließem, diese das „demokratische
Staatswesen grundlegend ablehnen". Hier sei eine „neue Szene von Staatsfeinden" entstanden. Haldenwang beschrieb „immer stärkere Parallelen zwischen
Pegida und den ‚Corona-Spaziergängen'" (Welt 2022a). Teilweise würden die
gleichen Parolen gerufen. Lange habe es so ausgesehen, als versuchten Rechtsextreme erfolglos, das Demonstrationsgeschehen zu prägen. „Das verschiebt sich
aktuell. So ist es in Sachsen den ‚Freien Sachsen' gelungen, einen deutlichen
Einfluss auf die vielschichtige Protestbewegung in der Region zu nehmen. Inso-
fern kann man sagen, dass Rechtsextremisten zumindest regional an Einfluss
gewinnen", so Haldenwang (zitiert nach: Welt 2022a). „Freie Sachsen" ist eine
Kleinstpartei, die vom Landesamt für Verfassungsschutz Sachsen als erwiesen
rechtsextremistisch und verfassungsfeindlich eingestuft ist.

Für den Winter 2021/2022 stellte Haldenwang fest, dass sich das Protestfeld
gegen die Corona-Politik im zweiten Halbjahr 2021 klar verändert habe. Davor
habe es vor allem große Demonstrationen gegeben, seit dem Winter 2021/2022
seien die Corona-Proteste dezentraler geworden. Allein in der ersten Januarwo-
che 2022 habe es an einem Tag mehr als 1000 Veranstaltungen mit mehr als
200.000 Menschen gegeben. Sorge bereitete dem Präsidenten des Bundesamtes für Verfassungsschutz im Januar 2022 die Radikalität einiger Teilnehmer der
Corona-Demonstrationen, die nicht nur durch Gewalt gegen Polizeibeamte und
Journalisten zum Ausdruck komme, sondern auch durch Hassparolen und enthemmte Sprache in den Sozialen Netzwerken: „Auffällig ist, dass die Polizei
zunehmend als Feindbild in den Fokus rückt. Einsatzkräfte werden nicht nur bei

den Protesten, sondern auch im virtuellen Raum zunehmend angefeindet und beispielsweise als ‚Söldner' oder ‚Mörder des Systems' diffamiert", so Haldenwang
(zitiert nach: Welt 2022a).

Für die Zeit nach dem Ende der Pandemie prognostizierte Haldenwang, dass
sich die neuen Extremisten „ein neues Thema suchen" könnten, um es für ihre
Zwecke zu instrumentalisieren. Dies könnten zum Beispiel staatliche Maßnahmen
zum Klimaschutz sein: „Denkbar ist auch, dass man auf das Thema Klimaschutz
aufsattelt. Eine Intensivierung staatlicher Maßnahmen zur Eindämmung des Kli-
mawandels könnte als unrechtmäßig empfunden und abgelehnt werden" (Welt
2022a).

4.2   „Querdenken 711"

Der Begriff „Querfront" bzw. „Corona-Querfront" wurde zu Beginn der Corona-
Proteste im Frühjahr 2020 als Sammelbegriff für die „heterogene Mischung" der
Teilnehmer an den Coronademonstrationen genutzt, weil die Sicherheitsbehörden
und die Medien dort Rechtsradikale neben Linksradikalen, Rechtsextremisten,
Reichsbürger, Verschwörungsgläubige sowie Esoteriker verorteten (Süddeutsche
2020). Der Begriff „Querfront" wurde zu Beginn der Weimarer Republik 1919,
gleich nach dem 1. Weltkrieg und dem Ende des deutschen Kaiserreiches,
geprägt. Querfrontpositionen und Querfrontideen galten als Bestandteil von anti-
demokratischen Theorien von „links außen" und „rechts außen" im politischen
Spektrum.

Michael Ballweg, der Gründer und Geschäftsführer einer Software-Firma
aus Stuttgart, gründete im Frühjahr 2020, zu Beginn der staatlichen Corona-
Hygienemaßnahmen, „Querdenken 711". Der Zusatz „711" kommt von der
Telefonvorwahl Stuttgarts (0711). „Querdenken 711" ist die Stuttgarter Orts-
gruppe von „Querdenken". Querdenken ist deutschlandweit in neun Regionen
organisiert und hatte zwischenzeitlich 68 Ableger. Auch diese lokalen Gruppen
tragen jeweils die Telefonvorwahl im Namen, also zum Beispiel „Querdenken 089
München". Allein im Zeitraum von Frühjahr bis Oktober 2020 hat „Querdenken"
eigenen Angaben zufolge deutschlandweit mehr als 100 Demonstrationen und
Versammlungen organisiert, an denen mehrere Hunderttausend Menschen teilge-
nommen haben sollen. „Querdenken 711" bezeichnet sich selbst als (Freiheits-)
„Initiative", teilweise auch als Bewegung.

Seit dem Sommer 2020 grenzen sich zahlreiche Teilnehmer/-innen der
Querdenker-Demos aus der „bürgerlichen Mitte" nach Angaben der deutschen
Verfassungsschutzbehörden nicht mehr von Rechtsradikalen, Rechtsextremisten,

„Reichsbürgern" und Verschwörungsgläubigen ab und die Verfassungsschutzbehörden stellen seither einen Trend zu einer manifesten Radikalisierung innerhalb der Corona-Demonstrationen fest. Gewaltdelikte gegen Journalisten/-innen
und Polizisten/-innen sind seitdem deutlich angestiegen.

In Baden-Württemberg, wo „Querdenken 711" in Stuttgart entstanden ist, werden die Organisationsstrukturen – also nicht die Mehrheit der Demonstranten –
seit Dezember 2020 vom Landesamt für Verfassungsschutz als extremistische
Bestrebung beobachtet (MIBaWü 2020). Andere Bundesländer haben sich dieser
Vorgehensweise der Beobachtung für ihr Gebiet danach angeschlossen und das
Bundesamt für Verfassungsschutz hat im April einen neuen Phänomenbereich
von Extremismus festgestellt, die „verfassungsschutzrelevante Delegitimierung
des Staates" (BfV 2021).

Die deutschen Verfassungsschutzbehörden konstatieren seit dem Herbst 2020,
dass der legitime Protest gegen staatliche Maßnahmen zur Eindämmung der
Corona-Pandemie immer mehr zugunsten einer grundsätzlichen Staats- und Poli-
tikfeindlichkeit in bedenklichem Ausmaß weicht (MIBaWü 2020). So wird seit
2020 bei den zentralen Akteuren der „Querdenker"-Bewegung eine zunehmende
Diffamierung behördlichen Handelns sowie des legitimen Monopols staatlicher
Zwangsgewalt festgestellt, die immer wieder in abwegigen Vergleichen mit der
Diktatur des Nationalsozialismus und einer Verharmlosung des Holocaust gipfelt.
Proponenten der Querdenker schüren mit falschen Behauptungen gezielt Hass auf
den Staat und gerieren sich als in hohem Maße demokratiefeindlich. Verschiedene
„Querdenker" propagieren konzertiert das Ignorieren behördlicher Anordnungen
und negieren damit letztlich das staatliche Gewaltmonopol. Querdenker wol-
len nach Angaben der deutschen Verfassungsschutzbehörden das Vertrauen der
Bevölkerung in die staatlichen Institutionen und seine Repräsentanten nachhaltig
erschüttern und den Staat delegitimieren (MIBaWÜ 2020).

Das Landesamt für Verfassungsschutz Baden-Württemberg stellte im Januar
2021 fest, dass der Kernpunkt der Kritik der Corona-Protestierenden Anfang 2020
vor allem die aus ihrer Sicht unverhältnismäßige Beschränkung der Grundrechte
durch die Corona-Maßnahmen gewesen sei. Inzwischen werde dieser Appell
jedoch überlagert von einer grundsätzlichen Staatsfeindlichkeit bei führenden
Personen der „Querdenken"-Bewegung. Aufgrund dieser zunehmenden Radikalisierung von „Querdenken 711" und seiner baden-württembergischen Ableger
wird dieser seit dem 09.12.2021 vom Landesamt für Verfassungsschutz Baden-
Württemberg beobachtet. Das Landesamt für Verfassungsschutz betonte wiederholt, dass sich diese Beobachtung ausschließlich auf die Organisatoren und deren
näheres Umfeld beziehe und nicht auf die große Mehrheit oder gar alle Demons-
trationsteilnehmer. Als Begründung für diese Beobachtung führte das Landesamt

für Verfassungsschutz unter anderem an, dass führende „Querdenken"-Akteure in Baden-Württemberg sich verstärkt mit bekannten „Reichsbürgern", „Selbstverwaltern" und Rechtsextremisten vernetzt hätten. Doch „Querdenker" seien auch durch eigene verfassungsfeindliche Äußerungen aufgefallen, die selbst eine Zugehörigkeit zum extremistischen Milieu – insbesondere mit klaren Bezügen zu „Reichsbürger"-Narrativen – deutlich machten (BaWü LfV 2021).

Die Gruppierung „Querdenken 711" mit ihrem regionalen Aktionsraum in Stuttgart und Umgebung hat von Beginn an eine führende Rolle bei den Demonstrationen gegen die staatlichen Corona-Maßnahmen eingenommen. Auch nach der Gründung zahlreicher weiterer „Querdenken"-Ableger in ganz Deutschland ist sie nach wie vor die wichtigste Initiative innerhalb der Bewegung. Ohne „Querdenken 711" wäre eine deutschlandweite Verbreitung des Labels „Querdenken" nach Angaben des Landesamtes für Verfassungsschutz Baden-Württemberg vermutlich nicht möglich gewesen (BaWü LfV 2021).

Das Landesamt für Verfassungsschutz Baden-Württemberg stellte im Januar 2021 fest, dass sich die Zielrichtung der „Querdenken"-Proteste zu „Reichsbürger"-typischen Narrativen verschoben habe und sich ein zunehmend hohes Maß an Staatsfeindlichkeit erkennen ließe. Dabei sei nach Einschätzung des baden-württembergischen Verfassungsschutzes weniger eine Instrumentalisierung von außen erfolgt. Vielmehr sei es zu einer verstärkten Verbreitung von extremistischen Inhalten aus dem Organisationsteam der „Querdenken"-Bewegung selbst heraus gekommen (BaWü LfV 2021).

Weiter führt das Landesamt für Verfassungsschutz Baden-Württemberg aus, dass „Querdenken" nicht nur Vergleiche zwischen den aktuellen staatlichen Pandemie-Maßnahmen und der Unterdrückung durch das nationalsozialistische Regime zulasse, sondern diese Vergleiche sogar aktiv befördere. Einer der Organisatoren verglich die Pandemie-Maßnahmen mit dem Ermächtigungsgesetz von 1933. Andere, zumindest geduldete Redner, fielen immer wieder durch ähnliche Vergleiche bei „Querdenken"-Veranstaltungen auf: Diese Vergleiche stellen neben der Diffamierung der Regierung eine massive Verharmlosung des Nationalsozialismus und des Holocaust dar. Eine Distanzierung durch „Querdenken" sei auch hier nicht erkennbar (BaWü LfV 2021).

4.3   Interaktion zwischen „Reichsbürgern" und „Selbstverwaltern" und „Querdenkern"

„Reichsbürger" und „Selbstverwalter" bewerten staatliche Maßnahmen – damit auch diejenigen zur Eindämmung der Corona-Pandemie – als unrechtmäßig und lehnen sie vehement ab. Besonders häufig thematisierte die dem Phänomenbereich „Reichsbürger" und „Selbstverwalter" zuzuordnende Gruppierung „Verfassunggebende Versammlung" (VV) die Coronapandemie und verbreitete vor allem über ihre Internetplattform „ddbnews" sowie das „ddbradio" im Jahr 2020 immer wieder Desinformation und Verschwörungsideologien (BMI 2021, S. 114; Goertz 2022c, S. 234). So brachte die Gruppierung „Verfassunggebende Versammlung" die Corona-Pandemie zum Beispiel mit der antisemitisch geprägten Verschwörungstheorie einer „Neuen Weltordnung" (NWO) in Verbindung. Das Bundesamt für Verfassungsschutz analysiert, dass die Corona-Pandemie für „Reichsbürger" und „Selbstverwalter" als Gegner des Staates eine neue, motivierende Erfahrung darstelle, da andere Kritiker der Corona-Maßnahmen die „Reichsbürger" und „Selbstverwalter" bei öffentlichkeitswirksamen Aktionen „nicht ausgrenzen, sondern gemeinsam mit ihnen protestieren" (BMI 2021, S. 114; Goertz 2022c, S. 234). Die deutschen Sicherheitsbehörden konstatieren, dass sich „Reichsbürger" und „Selbstverwalter" im Jahr 2020 teilweise nicht mehr darauf beschränkt haben, im Zusammenhang mit „Hygiene-Demonstrationen" ihren Protest zu äußern, sondern auch körperliche Gewalt angewendet haben, zum Beispiel gegen eingesetzte Polizeikräfte. Außerdem beteiligten sich „Reichsbürger" und „Selbstverwalter" am Demonstrationsgeschehen gegen die Corona-Maßnahmen vom 28. bis 30. August 2020 im Umfeld des Reichstagsgebäudes in Berlin. Dabei kam es im Zuge einer Kundgebung am Reichstagsgebäude (Deutscher Bundestag) zu einer Besetzung der Stufen des Parlamentsgebäudes durch mehrere hundert Personen, darunter auch Angehörige der „Reichsbürger"-Szene. Eine mutmaßliche „Reichsbürgerin" hatte nach Angaben der deutschen Polizei- und Verfassungsschutzbehörden in einem Redebeitrag auf einer Bühne von „staatenlos.info" unmittelbar zuvor zu einer Besetzung der Stufen des Parlamentsgebäudes aufgerufen. Bei „staatenlos.info" handelt es sich um eine „Reichsbürger"-Vereinigung (BMI 2021, S. 114; Goertz 2022c, S. 234).

Verschiedene bekannte „Reichsbürger" und „Selbstverwalter"-Gruppierungen beteiligten sich im Jahr 2020 an den Anti-Corona-Demonstrationen. Neben „staatenlos.info" sind dabei auch Personen aus der „Verfassunggebenden Versammlung" in Erscheinung getreten. Auch aus dem Milieu derjenigen, die für eine Rückkehr zum Deutschen Kaiserreich eintreten, kam es zu Mobilisierungen für die Proteste. Teilweise erklärten „Reichsbürger" und „Selbstverwalter" staatliche Verordnungen schlichtweg für ungültig. So veröffentlichte beispielsweise die Gruppierung „Amt für Menschenrecht" am 11. Juni 2020 eine „Rechtdurchsetzung", der zufolge alle „Ausnahmetatbestände der biologischen und psychologischen Kriegsführung im ‚Lockdown'" aufgehoben seien. Weiter wurde in einem „Öffentliche[n] Aufruf zu rechtewahrendem Miteinander" der Gruppierung „Bundesstaat Sachsen" die Sächsische Corona-Schutz-Verordnung vom 17. April 2020 fälschlicherweise als nicht rechtskräftig bezeichnet, da „sie nicht unterschrieben [sei] und somit lediglich einen Entwurf" darstelle. In diesem Zusammenhang stellt das Bundesamt für Verfassungsschutz fest, dass bei „Reichsbürgern" und „Selbstverwaltern" eine hohe Anschlussfähigkeit im Hinblick auf die zahlreichen Verschwörungsnarrative rund um die Corona-Pandemie bestehe, was sich in häufigen Thematisierungen einschlägiger Inhalte durch die Szene äußere (BMI 2021, S. 114; Goertz 2022c, S. 235).

4.4 Interaktion zwischen Rechtsextremisten und „Querdenkern"

Die Coronapandemie und ihre Folgen fanden und finden nach Angaben der deutschen Verfassungsschutzbehörden in der rechtsextremistischen Szene fortlaufend große Beachtung und werden seit dem Frühjahr 2020 vielfach aufgegriffen. Rechtsextremisten versuchen seither diese Pandemie von historischem Ausmaß für sich zu nutzen, um Ängste und Unruhe innerhalb der Bevölkerung zu schüren. Im Zusammenhang mit der Coronapandemie verbreiten Rechtsextremisten unterschiedliche „verschwörungstheoretische" Narrative. Neben Behauptungen, eine „jüdische Elite" habe das Virus künstlich geschaffen und die Pandemie bewusst hervorgerufen, fanden sich Stimmen, die behaupten, die Bundesregierung nutze die Krise aus, um „Mechanismen für die Überwachung der Bevölkerung zu installieren" (BMI 2021, S. 60).

Wie Rechtsextremisten versuchten und weiterhin versuchen, Corona-Demonstrationen und Spontanversammlungen gegen die staatlichen Beschränkungsmaßnahmen im Zusammenhang mit der Coronapandemie für sich zu nutzen, zeigten für die große Öffentlichkeit sichtbar erstmals die Ereignisse am 29. August 2020 in Berlin mit bis zu 38.000 – nach Angaben des Bundesamtes für Verfassungsschutz überwiegend nicht extremistischen – Teilnehmern. Im Vorfeld hatten sowohl „Reichsbürger"- und „Selbstverwalter"-Gruppierungen als auch rechtsextremistische Organisationen, Parteien und Einzelpersonen intensiv zur Teilnahme an den unterschiedlichen Demonstrationen aufgerufen, die im Berliner Regierungsbezirk angemeldet worden waren. Teilen des heterogenen Teilnehmerfeldes – „Reichsbürger" und „Selbstverwalter", Rechtsextremisten und „Querdenkern" – gelang es, sich durch Fahnen und Transparente sowie aggressive und gewaltsame Störaktionen medienwirksam in Szene zu setzen – so beispielsweise bei der Besetzung der Aufgangstreppen zum Reichstagsgebäude (medial genannter „Sturm auf den Reichstag") (BMI 2021, S. 60–61).

„Die regelmäßig wiederkehrende Behauptung der Corona-Leugner, wir lebten in einer de-facto-Diktatur und einem Notstandsregime, das beseitigt werden müsse und gegen das öffentlicher Widerstand legitim sei, muss als Beleg für eine fortschreitende Radikalisierung dieser Bewegung verstanden werden", sagte der sächsische Verfassungsschutzpräsident Christian Ende November 2021 (Welt 2021).

Auf der Analyseebene von Extremismus- und Radikalisierungsforschung ist das Konzept von Rechtsextremisten und „Querdenkern" in der Corona-Pandemie, „Widerstand gegen eine Diktatur" zu leisten, potenziell gefährlich, da der Widerstand als legitime Notwehrhandlung gegen den Staat und seine Unterstützer dargestellt und rechtfertigend mit Gewalt konnotiert wird. Aus der Perspektive der Extremismus- und Terrorismusforschung ist festzuhalten, dass in den verschiedenen Phänomenbereichen potenzielle und tatsächliche Terroristen ihre tödliche Gewalt, als „notwendig", als „legitim" darstellen. Wenn zum revolutionär grundierten „Widerstand gegen vermeintliches Unrecht" aufgerufen wird, besteht hier eine potenziell große Bedrohung für den Rechtsstaat (Fiedler 2021).

Seit Ende Januar 2022 wird die rechtsextremistische Kleinstpartei „Freie Sachsen" nun auch bundesweit vom Verfassungsschutz als Verdachtsfall Rechtsextremismus beobachtet. Schon im Juni 2021 hatte der sächsische Verfassungsschutz mitgeteilt, dass er die „Freien Sachsen" als rechtsextremistische und verfassungsfeindliche Bestrebung einstufe. Somit werde die Partei nachrichtendienstlich beobachtet, teilte das Landesamt für Verfassungsschutz damals mit. Im Sommer 2021 führte der sächsische Verfassungsschutzpräsident Dirk-Martin Christian aus, dass es der Partei „Freie Sachsen" nicht um sachliche Kritik am Staat gehe, sondern um dessen Verächtlichmachung und Delegitimierung. Er sprach damals von einer „überregionalen Vernetzungsplattform für Rechtsextremisten aus der gesamten Bundesrepublik" (Tagesschau 2022a). Nach Angaben der Verfassungsschutzbehörden seien die Tätigkeiten der „Freien Sachsen" „objektiv geeignet, die freiheitliche demokratische Grundordnung oder einzelne ihrer zentralen Wesenselemente zu beseitigen oder zu beeinträchtigen" (Tagesschau 2022a). Der Präsident des sächsischen Landesamtes für Verfassungsschutz bewertet die rechtsextremistische Partei „Freie Sachsen" als „Treiber des Protestgeschehens" in Sachsen. Sie fungiere als „Mobilisierungsmaschine" in sozialen Medien wie Telegram und setze diese in einem bisher nicht gekannten Ausmaß für ihre politische Agenda ein: „Die Lage ist ernst wie lange nicht mehr, denn diese Gefahr besteht", sagte Christian. Weiter beunruhige ihn, dass sich in die

Corona-Proteste in Sachsen Akteure mischten, die gegen den demokratischen Staat und die Westorientierung Deutschlands agitierten (Tagesschau 2022a).

Die „Freien Sachsen" sind eine Partei, die am 26. Februar 2021 gegründet wurde. Nach Einschätzung des Sächsischen Verfassungsschutzes setzt sich die Partei überwiegend aus namhaften sächsischen Rechtsextremisten aus dem Raum Chemnitz und dem Erzgebirgskreis zusammen. Martin Kohlmann ist der Vorsitzende der Partei, sein Stellvertreter ist Stefan Hartung. Kohlmann gehört nach Angaben des Sächsischen Verfassungsschutzes der rechtsextremistischen Bürgerbewegung „Pro Chemnitz" an, Hartung hingegen ist ein langjähriges und politisch engagiertes NPD-Mitglied. Deutschlandweit war er 2013 als Organisator von Protesten gegen ein Flüchtlingsheim in den Medien präsent. Schatzmeister der „Freien Sachsen" ist Robert Andres, der auch zur rechtsextremistischen Bürgerbewegung „Pro Chemnitz" gehört. An der Gründungveranstaltung der „Freien Sachsen" nahmen nach Angaben des Landesamtes für Verfassungsschutz Sachsen weitere Rechtsextremisten teil, auch aus anderen Bundesländern (Deutschlandfunk 2022a).

Die rechtsextremistische Partei „Freie Sachsen" erreicht 150.000 Nutzer über den Messengerdienst Telegram und die Reichweite wächst stetig weiter. Bei der Mobilisierung zu den Protesten gegen Corona-Maßnahmen in Sachsen spielt die Partei eine entscheidende Rolle. Von den Corona-Protesten aus möchte die Organisation ihren Einfluss auch in Rathäuser und möglicherweise auch in den Landtag ausweiten (Deutschlandfunk 2022a).

„Querdenker" und ihr Gewaltpotenzial 5

Kurz nach dem Sturm auf das Kapitol in den USA konstatierte Bayerns Ministerpräsident Söder Anfang Januar 2021 eine Radikalisierung der „Querdenker"-
Szene in Deutschland. „Auch wenn die Umfragewerte der AfD sinken, besteht
die Gefahr, dass sich aus ihrem Umfeld heraus in Deutschland ein Corona-
Mob oder eine Art Corona-RAF bilden könnte, die zunehmend aggressiver und
sogar gewalttätig werden könnte", sagte Söder in einem Interview (Tagesspiegel
2021). Mit Blick auf den Sturm auf das US-Kapitol bewertete Söder diesen als
eine „Schande für die führende Demokratie der westlichen Welt": „Aus bösen
Gedanken werden böse Worte und irgendwann auch böse Taten", warnte Söder.
„Deswegen müssen wir auch in Deutschland nicht nur die Sicherheitsmaßnahmen
für die demokratischen Institutionen verbessern, sondern grundlegend die sekten-
ähnliche Bewegung der ‚Querdenker' und anderer vergleichbarer Gruppierungen
in den Blick nehmen." Es bestehe die Gefahr, dass sich „aus größeren Bewegun-
gen kleine Protestgruppen entwickeln, die am Ende einen radikalen Kern bilden,
der zu einer Terrorzelle werden kann" (Tagesspiegel 2021).

Ende April 2021 sagte ich dem „Tagesspiegel" in einem Interview in Bezug
auf die Frage, für wie besorgniserregend ich die Entwicklung der „Querdenker"
halte, dass sich bereits damals viele Demo-Teilnehmer nicht mehr abgrenzten
von Rechtsextremisten, „Reichsbürgern" und Verschwörungsideologen: „Der legitime Protest gegen die Corona-Politik der Regierung ist zunehmend abgelöst
worden durch eine grundsätzliche Staats- und Politikfeindlichkeit. Die Bundesrepublik wird mit einer Diktatur gleichgesetzt und damit delegitimiert. Die
Corona-Demos radikalisieren sich, die Gewaltbereitschaft nimmt zu. Das Eskala-
tionspotenzial ist in den letzten Wochen deutlich gestiegen" (Fiedler 2021). Kurz
danach gab das Bundesamt für Verfassungsschutz bekannt, dass es einen „neuen
Phänomenbereich eingerichtet" habe, und zwar die „verfassungsschutzrelevante
Delegitimierung des Staates" (BfV 2021).

© Der/die Autor(en), exklusiv lizenziert an Springer Fachmedien Wiesbaden   33
GmbH, ein Teil von Springer Nature 2022
S. Goertz, *Querdenker*, essentials,
https://doi.org/10.1007/978-3-658-38189-9_5

Auf die Interviewfrage der Journalistin des Tagesspiegels „Bayerns Ministerpräsident Markus Söder warnt vor einer ,Corona-RAF'. Halten Sie das für
realistisch?" antwortete ich: „Die Befürchtung dabei ist ja, dass sich aus der
Querdenker-Szene heraus kleinere Gruppen abkapseln, die einen Radikalisie-
rungsprozess durchlaufen und zu einer Terrorzelle werden. Diese Gefahr besteht.
Je größer der Glaube an Verschwörungstheorien, desto größer die Bereitschaft zu
kriminellen Handlungen. Das können Angriffe auf Regierungseinrichtungen sein,
aber auch auf Politiker. Noch schwerer für die Sicherheitsbehörden feststellbar
wären radikalisierte, unorganisierte Einzeltäter – zumindest, wenn sie ihre Tat
vorher nirgendwo kommunizieren" (Fiedler 2021).

Ein im Frühjahr 2021 klares Indiz für ein steigendes Gewaltpotenzial war
das sich in den sozialen Netzwerken und auf den Demos verbreitende Narrativ: „Wir müssen Widerstand gegen die Diktatur leisten". Meine Analyse
von „Querdenker"-Kommentaren in den Sozialen Netzwerken im Frühjahr 2021
ergab, dass man sich in der „Querdenker"-Szene im Widerstand gegen eine
angebliche Diktatur wähnt: „Das ist sehr gefährlich. Dann kann Gewalt als
,legitime' Notwehrhandlung gegen den Staat und seine Vertreter gerechtfertigt
werden. Bei Rechtsterroristen haben wir solch ein Denken in der Vergangenheit
bereits gesehen" sagte ich dazu dem Tagesspiegel (Fiedler 2021).

Der tödliche Angriff auf einen Mitarbeiter einer Tankstelle in Idar-Oberstein
am 18. September 2021 und die Reaktionen von Extremisten darauf in den sozialen Netzwerken sorgten für Entsetzen von Politikern. „Die Radikalisierung des
Querdenkermilieus bereitet mir große Sorgen", schrieb die damalige Kanzler-
kandidatin der Grünen, Annalena Baerbock, auf Twitter. Zuvor hatte sie sich
erschüttert darüber gezeigt, dass ein junger Mann, „der nur darum bat, die geltenden Regeln zu befolgen, umsichtig und solidarisch zu sein", erschossen wurde.
Ähnlich wie Baerbock reagierte der damalige CDU-Generalsekretär Paul Ziemiak. „Ein junger Mensch wird nahezu hingerichtet, weil er auf die Maskenpflicht
hinweist", schrieb Ziemiak auf Twitter und sprach von einem „unfassbaren Maß
an Radikalisierung". Der damalige SPD-Kanzlerkandidat Olaf Scholz erklärte,
der Täter müsse „hart bestraft werden" (Eder und Staib 2021).

Der 20 Jahre alte Mitarbeiter, Student und Nebenjobber, hatte einen
49 Jahre alten Mann zum gesetzlich vorgeschriebenen Tragen einer Mund-Nasen-
Bedeckung aufgefordert. Daraufhin hatte dieser die Tankstelle verlassen, eine
Pistole aus seiner Wohnung geholt, war zurück in die Tankstelle gekehrt und
schoss dem Tankstellenmitarbeiter „gezielt von vorne in den Kopf". Der Tatab-
lauf sei wegen der umfangreichen Videoaufnahmen „ziemlich klar", sagte ein
Sprecher der zuständigen Staatsanwaltschaft der F.A.Z. Nach Angaben der Staatsanwaltschaft sagte der mutmaßliche Täter aus, dass er die Corona-Maßnahmen

ablehne. Zum Motiv habe er angegeben, er habe „keinen anderen Ausweg gesehen", als ein Zeichen zu setzen. Das Opfer schien ihm dabei „verantwortlich für die Gesamtsituation, da es die Regeln durchgesetzt habe", sagte der zuständige Oberstaatsanwald Kai Fuhrmann. Nach Angaben der Deutschen Presse-Agentur wurde aus Ermittlerkreisen bekannt, dass der Mann in den Theorien der Corona-Leugner „bewandert" sei. „Er kennt die Quellen und hat auch angegeben, dass er sich da schlau gemacht hat", hieß es demnach (Eder und Staib 2021).

Auf Telegram wurde der Mord am 18. September 2021 an einem Tankstellenmitarbeiter in Idar-Oberstein, der zum gesetzlich angeordneten Tragen Corona-Mund-Nasen-Schutz aufgefordert hatte, von verschiedenen Extremisten teilweise verherrlicht: „Kein Mitleid. Die Leute immer mit dem Maskenscheiß nerven. Da dreht irgendwann mal einer durch. Gut so", hieß es dort unter anderem (Eder und Staib 2021).

Das Center für Monitoring, Analyse und Strategie (CeMAS), das radikale Tendenzen in sozialen Medien beobachtet, stellte kurz nach dem Mord an dem Tankstellenmitarbeiter fest, dass zahlreiche Kollegen, die im Bereich Prävention von Extremismus und Verschwörungserzählungen arbeiten, bereits mit Morddrohungen konfrontiert worden seien: „Seit Jahren plant das verschwörungsideologische Milieu ‚Tribunale'. Plant den ‚Tag X'. Führt Todeslisten ‚für später'. Spricht von Nürnberg 2.0. Sehnt sich einen Bürgerkrieg herbei. Nicht ‚im Internet'. Sondern unter uns. Jetzt wurde ein Mensch ermordet. In ‚der Realität'" (Eder und Staib 2021).

Josef Holnburger, einer der Geschäftsführer des CeMAS, stellte nach dem Mord in Idar-Oberstein fest, dass „Protagonisten der ‚Querdenker', wie beispielsweise Bodo Schiffmann" immer wieder von „Nürnberg 2.0, dem Tag X oder den Tagen danach" sprächen. „Damit fachen sie Rachephantasien ihrer Anhänger an." Rufe nach Tribunalen und insbesondere Nürnberg 2.0 seien auch immer verdeckte Rufe nach der ultimativen Bestrafung der in ihren Augen „Schuldigen": „Es sind Rufe nach Exekutionen" (Eder und Staib 2021).

Aus Sicht des Thüringer Verfassungsschutzpräsidenten Stephan Kramer kam der Mord in Idar-Oberstein nicht überraschend. „Der kaltblütige Mord ist furchtbar, aber für mich keine Überraschung angesichts der steten Eskalation der letzten Wochen […] Bedauerlich ist, dass es immer erst Tote geben muss, bevor die Gefahr ernst genommen wird" (Eder und Staib 2021).

Seit dem Herbst 2021 schlagen Ärzten, Krankenschwestern und Impfteams in Deutschland und anderen europäischen Staaten wie beispielsweise Österreich massive Aggression und Bedrohungen entgegen, manche Arztpraxis benötigt Polizeischutz. Eine OP-Schwester aus dem Universitätsklinikum Ulm sagte: „In der Corona-Pandemie haben Angriffe auf Ärzte und Pfleger deutlich zugenommen". Als sie sich etwa gegenüber einem Patienten für die Impfung ausgesprochen habe, sei sie als Nazi beschimpft worden. Aggression schlage ihr sogar von denjenigen entgegen, die mit einer Covid-Infektion auf der Intensivstation liegen, berichtet die Krankenschwester. Immer wieder müsse der Sicherheitsdienst in brenzligen Situationen die Polizei rufen. „Die Anfeindungen haben eine neue Qualitätsstufe erreicht", sagte diese OP-Schwester Ende November 2021 (Pieper 2021). Wegen ihrer Funktion als Personalrätin wendeten sich regelmäßig Kollegen, beispielsweise aus der Rettungsstelle, an sie und berichteten von zunehmenden Aggressionen. Ob in Impfzentren, Arztpraxen oder Krankenhäusern – als erste Ansprechpartner sind Pfleger und Ärzte dem Unmut von Patienten, Angehörigen, aber auch selbst ernannten Impfgegnern oft unmittelbar ausgeliefert. Dies bestätigte das Bundeskriminalamt Ende November 2021 und schätzte „Impfgegner" und „Corona-Leugner" als „relevantes Risiko" für mit der Impfung betrautes medizinisches Personal ein. Für das „dort tätige Personal besteht die Gefahr, verbalen Anfeindungen bis hin zu Straftaten wie etwa Körperverletzung ausgesetzt zu sein" (Pieper 2021). Auch die Bundesärztekammer sprach von einer „alarmierenden Situation". „Für viele Mitarbeiter im Gesundheitswesen gehört es zunehmend zum beruflichen Alltag, dass ihnen Aggressivität entgegenschlägt – etwa, wenn sie Patienten darauf hinweisen, die Corona-Regeln einzuhalten, oder sie nach ihrem Impfstatus befragen", sagte Klaus Reinhardt, Präsident der Bundesärztekammer Ende 2021. Entsprechende Berichte aus den Kliniken und Praxen häuften sich im Herbst und Winter 2021. „Impfende Ärztinnen und Ärzte erhalten Drohbriefe, werden beschimpft und Opfer körperlicher Gewalt." Nachdem der Neu-Ulmer Allgemeinmediziner Christian Kröner im Winter 2020 auf Facebook über Impfstoffe aufgeklärt sowie sich dafür ausgesprochen hatte, Kinder ab 12 Jahren zu impfen, erhielt er zahlreiche Drohbriefe, insgesamt rund 280 Strafanzeigen hat er bis Ende 2021 gestellt, zwischenzeitlich benötigte er Polizeischutz, seine Praxis musste er mit besonderen Sicherheitsvorkehrungen ausstatten (Pieper 2021).

5.1   Von enthemmter Sprache zu Tötungsaufrufen

Zu Sachsens Ministerpräsident Michael Kretschmer wurde am 31. Dezember 2021 in einem Telegram-Chat geschrieben: „Kretschmer und seine Söldner [Anm. der Redaktion: Polizisten] gehören Hingerichtet wegen Hochverrat an das Volk!!" [sic!] In einem anderen Chat fragte ein User am 21. Dezember 2021, ob er

Bundesjustizminister Marco Buschmann (FDP) „abknallen" dürfe (Tagesschau 2022b).

Politiker wie Sachsens Ministerpräsident Michael Kretschmer, die Ministerpräsidentin von Mecklenburg-Vorpommern, Manuela Schwesig, Bundesjustizminister Marco Buschmann, Bayerns Ministerpräsident Markus Söder, der CDU-Vorsitzende Friedrich Merz, Bundeskanzler Olaf Scholz, der ehemalige Gesundheitsminister Jens Spahn und der amtierende Gesundheitsminister Karl Lauterbach wurden in jenen Chats wiederholt als Ziele von Tötungsaufrufen genannt. Ein Tötungsaufruf gegen Polizisten lautete: „Diese widerwärtigen Söldner des Faschismus. Jeder Polizist, der sich weiterhin an diesem Treiben beteiligt gehört, wenn mit diesem System Schluss ist, vor Gericht, in Festungshaft und an den Galgen. Tut mir leid für die deutlichen Worte, aber diese Schweine sind für mich nicht mehr länger Teil unserer Menschenfamilie. Es sind seelenlose, programmierte Menschenmaschinen" (Tagesschau 2022b).

Neben Politikern als Zielen von enthemmter Sprache und Tötungsaufrufen werden von gewaltbereiten „Querdenkern" und „Rechtsextremisten" auf Telegram Journalisten angefeindet und mit dem Tode bedroht. Eine im Jahr 2021 mit dem Bundesverdienstkreuz ausgezeichnete Wissenschaftsjournalistin wurde in einer Telegram-Chatgruppe mit folgenden Worten bedroht: „Wir werden auch sie eines Tages hängen [...]." In einem Beitrag, der an die Drohung angehängt wurde, hatte sich die Journalistin und Moderatorin für eine Impfpflicht ausgesprochen (Tagesschau 2022b).

Am 5. November 2021 schrieb ein User auf Telegram: „Vielleicht sollten wir wirklich die ARD und das ZDF abfackeln um ihre Medienpropaganda Maschine kaputt zu machen." Ein anderer Nutzer fragte am 11. Dezember 2021: „Warum brennen die Medien noch nicht, ich meine die Gebäude [...] wo der Dreck ausgestrahlt wird?" Ein Artikel der „Süddeutschen Zeitung" wurde kommentiert mit: „Macht den Propaganda Laden dem Erdboden gleich. Volksverräter an den Galgen" (zitiert nach: ebd.). Die Begriffe „Lügenpresse" und „Volksverräter" wurden vom NS-Regime, unter anderem von Adolf Hitler und Propagandaminister Joseph Goebbels für ihre Propaganda, die Millionen in den Tod führte, genutzt.

Anfang Januar 2022 dann, wenige Wochen nach dem Post „ARD und ZDF abfackeln", versammelten sich in Berlin Hunderte Menschen vor dem ZDF-Hauptstadtstudio und riefen „Lügenpresse"-Parolen. Das ZDF-Hauptstadtstudio musste von einer Polizeikette geschützt werden, Erinnerungen an den „Sturm auf das Reichstagsgebäude" wurden wach.

Noch mehr als Journalisten sind Ärzte und Mitarbeiter von Impfzentren das Ziel von enthemmter Sprache und Todesdrohungen: „Ich hoffe die hängen sie alle auf", schreibt Nutzerin „Gisela" über einen impfenden Kinderarzt. Eine andere

Telegram-Nutzerin schreibt über einen Arzt: „Dem gehört eine Kugel in den Kopf" (Tagesschau 2022b).

Für eine tagesschau.de-Recherche wurden 230 Kanäle bzw. Chats auf Telegram aus Kreisen von „Querdenkern" und „Rechtsextremisten" nach folgenden Begriffen durchsucht: „Galgen, erschießen, aufhängen, hängen, aufgehängt, aufhängt, Laterne, Laternenmast, Guillotine, abknallen, hinrichten, abfackeln, abbrennen, brennen, standrechtlich, Fensterkreuz, "Nürnberger Hinterhöfe", Standgericht, hingerichtet, Tribunal, Kugel, Strick". In den untersuchten Chaträumen wurden innerhalb weniger Tage mehr als 250 Tötungsaufrufe gefunden, was aber nur die Spitze des Eisberges darstellt, da sich Telegram nicht komplett durchsuchen lässt, sondern nur die Kanäle und Chats, in denen man selbst Mitglied ist. Die meisten Chatgruppen sind geheim und können nur mit einem Einladungslink betreten werden (Tagesschau 2022b).

Mitte Dezember 2021 führten Ermittler des Landeskriminalamtes Sachsen und ein SEK Razzien bei sechs Verdächtigen, fünf Männern und einer Frau, durch und beschlagnahmten Waffen. In einer Telegram-Chatgruppe sollen diese sechs Verdächtigen Mordpläne gegen den sächsischen Ministerpräsidenten Michael Kretschmer und andere Mitglieder der sächsischen Landesregierung besprochen haben. Diese Telegram-Chatgruppe wurde einem heterogenen Milieu von „Impfgegnern", „Querdenkern" und „bekannten Neonazis" zugeordnet (Zeit 2021).

Die Drohungen gegen den sächsischen Ministerpräsidenten und weitere Politiker der sächsischen Landesregierung Kretschmer hatten bei zahlreichen Politikern für Empörung gesorgt. Ministerpräsident Kretschmer selbst sagte dazu: „Wir müssen mit allen juristischen Mitteln gegen solch eine Entgrenzung vorgehen. Menschen, die öffentliche Ämter haben, sollen keine Angst haben müssen, ihre Meinung zu sagen und ihre Arbeit zu machen" (zitiert nach: Zeit 2021).

Die sechs Verdächtigen der Telegram-Chatgruppe „Dresden Offlinevernetzung" sind zwischen 32 und 64 Jahren alt. In dieser Telegram-Chatgruppe fanden sich radikalisierte Impfgegner zusammen. Als Anführer dieser Gruppe gilt nach aktuellem Informationsstand Daniel G. Er lebt in einer Mietwohnung im Dresdner Stadtteil Pieschen, in einem unsanierten Altbau. An seiner Haustür klebte ein Sticker mit einer Liste, welche Menschen sein Hund tot beißen würde. Handschriftlich waren Impfteams als Ziel ergänzt. In seiner Telegram-Gruppe hatte G. angedroht, Impfteams zu erschießen, sollten sie vor seiner Tür stehen. Ein weiteres Chatgruppenmitglied, dessen Wohnung durchsucht wurde, ist Sebastian Pierre A., der unter seinem Klarnamen Mitglied dieser Telegram-Gruppe war. Als Profilbild hatte er einen Wehrmachtsoldaten ausgewählt. Sebastian Pierre A. gilt als stadtbekannter Dresdner Neonazi. Auch bei Jürgen S. stand die Polizei vor der Tür, einem als Pegida-Aktivisten bekannten Dresdner. Viele Mitglieder der Chatgruppe agierten unter Klarnamen und mit realen Profilbildern. Dazu gehören auch eine Frau, die für eine Stadtverwaltung arbeitet, sowie eine Frau, die ihre Handynummer veröffentlichte. Diese auf Fotos farbenfroh gekleidete Frau ist offenbar für die Querdenker-Gruppe „Eltern stehen auf" aktiv. Bei den Durchsuchungen fand das Landeskriminalamt Sachsen „Waffen und Waffenteile" sowie Armbrüste (Zeit 2021).

5.2 (Potenzieller) stochastischer Terrorismus

Der Begriff „stochastischer Terrorismus" (von stochastisch, zufallsabhängig) beschreibt eine terroristische Strategie, durch welche massenhaft verbreitete Botschaften, medial und über soziale Netzwerke, die sich nicht an einen konkreten Täterkreis richten, durch extremistische Narrative und enthemmte Sprache tatsächliche Gewalt, bis hin zu terroristischen Anschlägen, provozieren (sollen). Diese terroristische Strategie ist auf Trittbrettfahrer, auf Einzelakteure oder Kleinstzellen ausgerichtet (Goertz und Stockhammer 2022, S. 22).

Hamm und Spaaij beschreiben das Phänomen stochastischer Terrorismus in „The Age of Lone Wolf Terrorism" kurz mit „Nutzung von Massenmedien, um zufällige Akte ideologisch motivierter Gewalt zu provozieren, die zwar statistisch vorhersagbar sind, im konkreten Einzelfall jedoch nicht" (Hamm und Spaaij 2017, S. 84). Die Autoren verwenden das Bild eines Bogenschützen, um die Logik des stochastischen Terrorismus zu erklären: „Stellen Sie sich einen Bogenschützen vor, der hundert Pfeile auf ein Ziel schießt und nur einmal ins Schwarze trifft. Ein Mal. Der Treffer ins Schwarze ist statistisch nicht vorhersehbar, aber es ist statistisch vorhersehbar, dass eine bestimmte Anzahl von Pfeilen irgendwo auf der Zielscheibe trifft. Der Bogenschütze muss nicht geschickt im Bogenschießen sein. Er muss lediglich immer wieder Pfeile auf die Zielscheibe schießen, und irgendwann wird einer davon treffen. In dieser Analogie ist der stochastische Terrorist der Bogenschütze, der Brandbotschaften an Tausende, wenn nicht Millionen von Menschen schickt, die diese Botschaften konsumieren. Der Volltreffer ist der eine Konsument, der die Botschaften nutzt, um gewalttätiges Handeln zu rechtfertigen" (Hamm und Spaaij 2017, S. 84, ins Deutsche übersetzt durch Goertz und Stockhammer 2021, S. 22).

Der US-Jurist David S. Cohen, 2015 von US-Präsident Barack Obama zum Vize-CIA-Direktor und von US-Präsident Joe Biden nach dem Ende der Trump-Administration 2021 dann erneut zum Vize-CIA-Direktor ernannt, verwies im Jahre 2016 darauf, dass das Phänomen von stochastischem Terrorismus bereits ca. 15 Jahre alt sei. Er spricht von stochastischem Terrorismus als einer Strategie „using language and other forms of communication to incite random actors to carry out violent or terrorist acts that are statistically predictable but individually unpredictable" (Cohen 2016). Cohen nutzte das Bild der „dog whistle" bzw. das Konzept „Hundepfeifen-Politik". „Hundepfeifen-Politik" ist ein Konzept des Nutzens politischer Botschaften und Aussagen, die je nach Publikum unterschiedlich verstanden werden können. Winkler gebrauchte in diesem Zusammenhang 2016 in der Neuen Zürcher Zeitung in Bezug auf den damaligen US-Präsidentschaftskandidaten Donald Trump den Begriff „codierte Sprache" (Winkler 2016). Sprich: Bei der „codierten Sprache" der „Hundepfeifen-Politik" wird eine Sprache genutzt, deren wirkliche Bedeutung nur denjenigen klar wird, die das entsprechende Gehör haben. Im Bild der Hundepfeife bleibend: Die hohen Töne der Hundepfeife sind nur für Hunde klar und deutlich hörbar.

Kaleka nannte im November 2018 neben dem Anschlag auf die Tree-of-Life-Synagoge in Pittsburgh/USA auch die Morde von Gregory Bush an zwei Afroamerikanern als Beispiele für stochastischen Terrorismus (Kaleka 2018).

Cesar Savoc bekannte sich im August 2019 schuldig, im Jahr 2018 insgesamt 16 Briefbomben aus extremistischer Motivation an u. a. den früheren US-Präsidenten Barack Obama, die frühere Außenministerin Hilary Clinton sowie den ehemaligen CIA-Direktor James Brennan, an den Milliardär und Spender für die Partei der US-Demokraten, George Soros, und den Schauspieler Robert De Niro geschickt zu haben. Dafür wurde Savoc zu 20 Jahren Haft verurteilt (Zeit 2019). Er hatte sich auf verschiedenen Plattformen radikalisiert, die von Rassisten und Rechtsextremisten frequentiert werden.

Eine Reihe von Internetseiten boten den rechtsextremistischen Einzeltätern von El Paso, Christchurch, Pittsburgh und Halle ein Forum. Anonyme Plattformen wie 8chan, 4chan oder auch Reddit dienten bzw. dienen Rechtsradikalen und Rechtsextremisten zur Verbreitung ihrer Narrative und Thesen, zogen bzw. ziehen aber auch viele neue oder nur sporadisch Interessierte an. Der rechtsterroristische Attentäter von El Paso soll über 8chan ein „Manifest" verbreitet haben, in dem er die rassistische Propaganda-Fantasie vom „großen Austausch" der sich als „weiß" definierenden Bürger eines Landes verbreitete (Steffens 2019). Dass anonyme Plattformen wie 8chan, 4chan und Reddit über Jahre als Orte von extremistischen Narrativen und enthemmter Sprache dienten, stellte die Studie „New Hate and Old: The Changing Face of American White Supremacy" des Center on Extremism 2018 fest. Die zahlreichen Gruppierungen wie „Alt Right", Neonazis, Skinheads und Klu Klux Klan-Mitglieder bildeten und bilden im Internet und auch offline durch Veranstaltungen eine Subkultur, die „offen und niedrigschwellig daherkomme" (Goertz 2021, S. 659).

Bundesinnenministerin Faeser kündigte Mitte Dezember 2021 an, den Messenger-Dienst Telegram zur Einhaltung der Gesetze zwingen zu wollen. „Dort wird offen Hass und Hetze verbreitet […] Es kann nicht sein, dass ein App-Betreiber unsere Gesetze ignoriert" (Welt 2021b). Ihr Ministerium prüfe derzeit, ob über Plattformen wie Google oder Apple der Druck erhöht werden könne. „Diese Unternehmen haben die Telegram-Anwendung in ihren App-Stores und könnten sie aus dem Angebot nehmen, wenn Telegram permanent gegen Regeln verstößt", sagte die Ministerin. Zudem könne die Bundesrepublik mit anderen europäischen Staaten auf die Vereinigten Arabischen Emirate zugehen, wo Telegram seinen Sitz hat. Gleichzeitig müsse im Inland der Ermittlungsdruck gegen Onlinehetzer erhöht werden. „Es muss für alle klar sein: Wer im Netz Hass und Hetze verbreitet, bekommt es mit der Polizei zu tun", sagte Faeser (Welt 2021b).

Fazit

Ab Ende August 2020 warnten die deutschen Verfassungsschutzbehörden davor, dass im Zuge der „Corona-Proteste" in Deutschland eine neue Form von Extremismus entstehen könnte. Ein Teil der Corona-Protestbewegung ging nach Einschätzung der deutschen Sicherheitsbehörden bereits im Sommer 2020 auf organisierte rechtsextremistische Strukturen zurück, die aktiv für die Corona-Proteste rekrutierten. Auch Anhänger der Verschwörungserzählung QAnon spielten hierbei eine Rolle. Das Bundesamt für Verfassungsschutz führte aus, dass ein „ausgeprägter Glaube an Verschwörungstheorien die Bereitschaft zu kriminellen Handlungen fördern" könne (Zeit 2020a). Ein Anknüpfungspunkt für Rechtsextremisten biete die Behauptung der QAnon-Bewegung, die handelnden Eliten des „tiefen Staates" seien „Linke, jüdischen Glaubens oder von Juden gesteuert" (Deutscher Bundestag 2020).

Seit Anfang Dezember 2020 führt das Landesamt für Verfassungsschutz Baden-Württemberg die Organisationsstrukturen von „Querdenken 711" und seiner regionalen Ableger im Land Baden-Württemberg als Beobachtungsobjekt Extremismus. Nach Angaben dieser Verfassungsschutzbehörde liegen hinreichend gewichtige Anhaltspunkte für eine extremistische Bestrebung vor, und es seien bei „Querdenken 711" sowohl personelle als auch ideologische Überschneidungen zu bereits bekannten Extremisten aus dem Milieu der „Reichsbürger" und „Selbstverwalter" sowie aus dem Rechtsextremismus festzustellen. Dabei würden gezielt extremistische, verschwörungsideologische und antisemitische Inhalte mit einer legitimen Kritik an den staatlichen Maßnahmen zur Eindämmung der Corona-Pandemie vermischt. Dieser Einschätzung folgten kurz danach andere Landesämter für Verfassungsschutz und das Bundesamt für Verfassungsschutz richtete einen neuen extremistischen Phänomenbereich ein, „Verfassungsschutzrelevante Delegitimierung des Staates". Innerhalb dieses neuen Phänomenbereiches richtete das BfV das bundesweite Beobachtungsobjekt „Demokratiefeindliche

S. Goertz, *„Querdenker"*, essentials, https://doi.org/10.1007/978-3-658-38189-9_6

und/oder sicherheitsgefährdende Delegitimierung des Staates" ein, das „Querdenken" abdeckt. Dieses Sammel-Beobachtungsobjekt ermöglicht sowohl eine Bear-
beitung als Verdachtsfall als auch als eine erwiesen extremistische Bestrebung
(BfV 2021; Goertz 2022a, S. 169–170).

Bei der Analyse der Szene der „Querdenker" muss differenziert werden, weil
eine komplexe Mischung aus Radikalismus, Verschwörungstheorien und Extremismus festzustellen ist. Bisher gibt es nur sehr wenige Analysen zu diesem
Phänomen. Hierzu sollten die Verfassungsschutzbehörden und die Sozialwissenschaft in den nächsten Monaten umfassende Analysen vorlegen, auch um damit
die Programme, Mittel und Akteure der Prävention zu unterstützen.

Was Sie aus diesem *essential* mitnehmen können

- Die Ideologie der „Querdenker"
- Auswertung der ersten empirischen Studien zu „Querdenkern"
- Verschwörungserzählungen – potenzieller Radikalisierungsfaktor
- Aktuelle internationale Verschwörungserzählungen mit Relevanz für die „Querdenker"
- „Verfassungsschutzrelevante Delegitimierung des Staates" – Ein neuer Phänomenbereich von Extremismus in Deutschland
- Die Akteure
- „Querdenken 711"
- Interaktion zwischen „Reichsbürgern" und „Selbstverwaltern" und „Querdenkern"
- Interaktion zwischen Rechtsextremisten und „Querdenkern"
- Das Gewaltpotenzial von „Querdenkern"
- Von enthemmter Sprache zu Tötungsaufrufen – Potenzial für stochastischen Terrorismus

S. Goertz, *„Querdenker"*, essentials,
https://doi.org/10.1007/978-3-658-38189-9

Literatur

Bayerisches Landesamt für Verfassungsschutz. (2022). Extremismus/Radikalismus. https://www.verfassungsschutz.bayern.de/ueberuns/service/glossar/extremismus-radikalismus/index.html (8.3.2022) (Bayern LfV 2022).

BR 24. (2020). Fake News über Zusammenhang von 5G und Corona sorgen für Unruhe. 9.4.2020. https://www.br.de/nachrichten/netzwelt/fake-news-ueber-zusammenhang-von-5g-und-corona-sorgen-fuer-unruhe,RvfCqyE (2.3.2022).

Bundesamt für Verfassungsschutz. (2021). Neuer Phänomenbereich „Verfassungsschutzrelevante Delegitimierung des Staates". 29.4.2021. https://www.verfassungsschutz.de/SharedDocs/kurzmeldungen/DE/2021/2021-04-29-querdenker.html (6.3.2022).

Bundesamt für Verfassungsschutz. (2020). Extremistische und hybride Einflussnahme auf das Demonstrationsgeschehen im Zuge der Corona-Pandemie. BfV-Newsletter Nr. 1+2/2020 – Thema 1 (BfV 2020a).

Bundesministerium des Innern und für Heimat. (2022). Extremismus. https://www.bmi.bund.de/DE/themen/sicherheit/extremismus/extremismus-node.html (7.3.2022) (BMI 2022).

Bundesministerium des Innern, für Bau und Heimat. (2021). Verfassungsschutzbericht 2020, Juni 2021 (BMI 2021).

Cohen, D. (2016). Trump's Assassination Dog Whistle Was Even Scarier Than You Think. 9.8.2016. https://www.rollingstone.com/politics/politics-features/trumps-assassination-dog-whistle-was-even-scarier-than-you-think-112138/ (10.3.2022).

Deutscher Bundestag. (2020). Drucksache 19/21139 19. Wahlperiode 17.07.2020. Antwort der Bundesregierung auf die Kleine Anfrage der Abgeordneten Dr. Irene Mihalic, Dr. Konstantin von Notz, Monika Lazar, weiterer Abgeordneter und der Fraktion BÜNDNIS 90/DIE GRÜNEN – Drucksache 19/19785 – Verschwörungsideologische Kampagnen, Veranstaltungen und Gruppierungen im Zusammenhang mit der Corona-Krise. http://dipbt.bundestag.de/dip21/btd/19/211/1921139.pdf (5.3.2022).

Deutschlandfunk (2022): „Freie Sachsen" Rechtsextreme Mobilisierung gegen Corona-Maßnahmen. 4.2.2022. https://www.deutschlandfunk.de/wer-sind-die-freien-sachsen-100.html (6.3.2022) (Deutschlandfunk 2022a).

Eder, S./Staib, J. (2021). Radikalisierung der Querdenker. „Es sind Rufe nach Exekutionen". 21.9.2021. https://www.faz.net/aktuell/gesellschaft/kriminalitaet/querdenker-radikalisierung-mord-auf-telegram-verherrlicht-17547635.html (9.3.2022).

Fiedler, M. (2021). „Die Gefahr einer Terrorzelle besteht". Extremismusforscher beunruhigt
über wachsende Gewaltbereitschaft bei Querdenkern. 28.4.2021. https://www.tagess
piegel.de/politik/die-gefahr-einer-terrorzelle-besteht-extremismusforscher-beunruhigt-
ueber-wachsende-gewaltbereitschaft-bei-querdenkern/27140028.html (7.3.2021).

Frei, N./Nachtwey. (2021). Quellen des „Querdenkertums". Eine politische Soziologie
der Corona-Proteste in Baden-Württemberg. Universität Basel, Heinrich Böll Stiftung
Baden-Württemberg. https://www.boell-bw.de/sites/default/files/2021-11/Studie_Que
llen%20des%20Querdenkertums.pdf (1.3.2022) (Frei/Nachtwey 2021).

Goertz, S. (2022). Verfassungsschutzrelevante Delegitimierung des Staates – „Querdenker",
ihre Akteure, Ideologieelemente und ihr Gewaltpotenzial. Kriminalistik 3/2022: 162–170
(Goertz 2022a).

Goertz, S. (2022). Extremismus und Sicherheitspolitik. Studienkurs für die Polizei und die
Verfassungsschutzbehörden. Wiesbaden: KSV Medien (Goertz 2022b).

Goertz, S. (2022). Rechtsextremismus sowie „Reichsbürger" und „Selbstverwalter in
Deutschland". Aktuelle Akteure und Trends Kriminalistik 4/2022: 227–236 (Goertz
2022c).

Goertz, S./Stockhammer, N. (2021). Corona-Maßnahmen-Gegner: Rezente Akteure, Ideologieelemente und ihr stochastisches Gewaltpotenzial. Expert Paper EICTP. https://www.
eictp.eu/wp-content/uploads/2022/01/FINAL_EICTP_Expert-Paper_Coronamassnahme
ngegner.pdf (9.3.2022).

Goertz, S. (2021). Stochastischer Terrorismus, enthemmte Sprache und extremistische Narrative. In: Kriminalistik 12/2021, S. 658–665.

Goertz, S. (2020). Corona, Fake News und Verschwörungstheorien sowie „Hygienedemons-
trationen". Die Polizei 11/2020, S. 440–446 (Goertz 2020a).

Hamm, M./Spaaij, R. (2017). The age of lone wolf terrorism. New York: Columbia Univer-
sity Press.

Imhoff, R./Lamberty, P. (2020). A bipweapon or a hoax? The link between distinct cospi-
racy beliefs about the Coronavirus diseas (COVID-19) outbreak and pandemic behavoir.
Social Psychological and Personality Science, 11, 8, S. 1110–1118.

Imhoff, R./Bruder, M. (2014). Speaking (un-) truth to power: Conspiracy mentality as a
generalised political attitude. In: European Journal of Personality, 28, 1, S. 25–43.

Jansen, F. (2020). Eine höchst dynamische Situation. „Verfassungsschutz befürchtet Folgen
durch Verschwörungstheoretiker für Superwahljahr 2021". 10.12.2020. https://www.
tagesspiegel.de/politik/eine-hoechst-dynamische-situation-verfassungsschutz-befuer
chtet-folgen-durch-verschwoerungstheoretiker-fuer-superwahljahr-2021/26707722.html
(5.3.2022).

Kaleka, P. (2018). Stochastic Terrorism: How the Politics of Spreading Fear can lead to
deadly Violence. 6.11.2018. http://www.milwaukeeindependent.com/featured/stochastic-
terrorism-politics-spreading-fear-can-lead-deadly-violence (10.3.2022).

Kalisch, M./Stotz, P. (2020). Corona-Videos auf YouTube. Hinter der Verschwörung.
21.5.2020. https://www.spiegel.de/netzwelt/web/corona-verschwoerungstheorien-und-
die-akteure-dahinter-bill-gates-impfzwang-und-co-a-2e9a0e78-4375-4dbd-815f-545717
50d32d (2.3.2022).

Lamberty, P. (2020). Die Psychologie des Verschwörungsglaubens. Bundeszentrale für politische Bildung. 11.11.2020. https://www.bpb.de/shop/zeitschriften/izpb/318704/die-psy
chologie-des-verschwoerungsglaubens/ (2.3.2022).

Lamberty, P./Rees, J. (2021). Gefährliche Mythen: Verschwörungserzählungen als Bedrohung für die Gesellschaft. In: Schröter, F. 2021 (Hrsg.). Die geforderte Mitte. Rechtsextreme und demokratiegefährdende Einstellungen in Deutschland 2020/2021, S. 283–300.

Ministerium des Innern, für Digitalisierung und Kommunen Baden-Württemberg. (2020). Verfassungsschutz. „Querdenken 711" wird beobachtet. 9.12.2020. https://im.badenwuerttemberg.de/de/service/presse-und-oeffentlichkeitsarbeit/pressemitteilung/pid/que rdenken-711-wird-beobachtet (1.3.2022) (MIBaWü 2020).

Pieper, D. (2021). Angespuckt, bedroht, als Nazi beschimpft – Wut auf Impf-Personal eskaliert. 26.11.2021. https://www.welt.de/politik/deutschland/plus235289124/CoronaBedroht-als-Nazi-beschimpft-Wut-auf-Impf-Personal-eskaliert.html (9.3.2022).

Steffens, F. (2019). Verschwörungstheorien im Netz: Das Internet der Faschisten. 7.8.2019. https://www.faz.net/aktuell/politik/ausland/internet-der-rechtsextremen-rassisten-tre ffen-sich-im-netz-16321835.html?premium=0xb7964a22cd8d45018c306acd1ea77781& printPagedArticle=true#pageIndex_2 (10.3.2022).

Süddeutsche. (2020). Verschwörungsmythen: Diese Feindbilder einen die Corona-Querfront. 12.5.2020. https://www.sueddeutsche.de/digital/coronavirus-verschwoerungstheoriebill-gates-youtube-telegram-1.4904814 (6.3.2022).

Tagesschau. (2022). Verfassungsschutz: „Freie Sachsen" als Verdachtsfall eingestuft. 28.1.2022. https://www.tagesschau.de/inland/innenpolitik/freie-sachsen-103.html (6.5.2022) (Tagesschau 2022a).

Tagesschau. (2022). „Querdenker"-Szene. Täglich Tötungsaufrufe auf Telegram. Wiebe, J.-H. 5.1.2022. https://www.tagesschau.de/investigativ/funk/todesdrohungen-telegram-101. html (9.3.2022) (Tagesschau 2022b).

Tagesspiegel (2021). „Müssen Radikale in den Blick nehmen". Söder warnt vor Gefahr einer „Corona-RAF". 10.1.2021. https://www.tagesspiegel.de/politik/muessen-radikale-inden-blick-nehmen-soeder-warnt-vor-gefahr-einer-corona-raf/26783996.html (9.3.2022).

Thomaser, S. (2020). Verschwörungstheorie. Bill Gates und das Coronavirus – was steckt hinter der Verschwörungstheorie? 14.5.2020; https://www.fr.de/politik/corona-krise-billgates-virus-verbindungen-who-verschwoerung-13759001.html (2.3.2022).

Universität Basel. (2020). Politische Soziologie der Corona-Proteste. Grundauswertung 17.12.2020. https://osf.io/preprints/socarxiv/zyp3f/ (Universität Basel 2020).

Universität Konstanz. (2021). Forschungsbericht. Die „Querdenker". Wer nimmt an CoronaProtesten teil und warum? Januar 2021. https://kops.uni-konstanz.de/bitstream/handle/ 123456789/52497/Koos_2-bnrddxo8opad0.pdf?sequence=1 (1.3.2022) (Universität Konstanz 2021).

Welt. (2022). Verfassungsschutz sieht bei Corona-Protesten neue Szene von Staatsfeinden. 15.1.2022. https://www.welt.de/politik/deutschland/article236266710/Verfassungss chutz-Corona-Proteste-neue-Szene-von-Staatsfeinden.html (5.3.2022) (Welt 2022a).

Welt. (2021). Verfassungsschutz Sachsen. Manche Corona-Kritiker „haben eindeutig rote Linien" überschritten. 30.11.2021. https://www.welt.de/politik/deutschland/article23 5365480/Sachsen-Corona-Kritiker-haben-eindeutig-rote-Linien-ueberschritten.html (7.3.2022) (Welt 2021a).

Welt. (2021). Nancy Faeser über „Querdenker". „Sie verfolgen ihre eigenen Ziele, die überhaupt nichts mit der Pandemie zu tun haben". 17.12.2021. https://www.welt.de/pol itik/deutschland/article235715796/Nancy-Faeser-Viele-bei-Corona-Protesten-verfolgeneigene-Ziele-die-nichts-mit-der-Pandemie-zu-tun-haben.html (10.3.2022) (Welt 2021b).

Winkler, P. (2016). Trumps Spiel mit der Hundepfeife. 5.7.2016. https://www.nzz.ch/intern
   ational/praesidentschaftswahlen-usa/us-praesidentenwahlen-trumps-spiel-mit-der-hun
   depfeife-ld.103861 (10.3.2022).
Zeit Online. (2021). Telegram: Razzia wegen Mordplänen gegen Sachsens Regierungschef
   Kretschmer. 15.12.2021. https://www.zeit.de/politik/deutschland/2021-12/kretschmer-
   michael-mordplaene-telegram-chat-zdf (9.3.2022).
Zeit Online. (2020). Corona-Proteste: Verfassungsschutz warnt vor neuer Form des Extremismus. 28.11.2020. https://www.zeit.de/politik/deutschland/2020-11/corona-proteste-ext
   remismus-rechtsextremismus-verschwoerungstheorien (2.3.2022) (Zeit Online 2020a).
Zeit Online. (2019). Mutmaßlicher Briefbombenattentäter bekennt sich schuldig. 22.3.2019.
   https://www.zeit.de/politik/ausland/2019-03/usa-briefbombe-trump-kritiker-gestae
   ndnis-cesar-sayoc (10.3.2022).

Printed in the United States
by Baker & Taylor Publisher Services